新时代智库出版的领跑者

国家智库报告 2025（4）
National Think Tank

经 济

中国特色世界一流企业成长规律研究

史丹 曲永义 等著

RESEARCH ON THE GROWTH LAW OF WORLD-CLASS ENTERPRISES WITH CHINESE CHARACTERISTICS

中国社会科学出版社

图书在版编目（CIP）数据

中国特色世界一流企业成长规律研究 / 史丹等著. -- 北京：中国社会科学出版社，2025. 4. -- （国家智库报告）. -- ISBN 978-7-5227-4882-5

Ⅰ. F279.23

中国国家版本馆 CIP 数据核字第 2025E6P207 号

出 版 人	赵剑英
责任编辑	党旺旺
责任校对	刘　娟
责任印制	李寡寡

出　　版	中国社会科学出版社
社　　址	北京鼓楼西大街甲 158 号
邮　　编	100720
网　　址	http://www.csspw.cn
发 行 部	010-84083685
门 市 部	010-84029450
经　　销	新华书店及其他书店

印刷装订	北京君升印刷有限公司
版　　次	2025 年 4 月第 1 版
印　　次	2025 年 4 月第 1 次印刷

开　　本	787×1092　1/16
印　　张	12.5
插　　页	2
字　　数	123 千字
定　　价	69.00 元

凡购买中国社会科学出版社图书，如有质量问题请与本社营销中心联系调换

电话：010-84083683

版权所有　侵权必究

摘要： 本报告探讨了中国企业如何成长为世界一流企业的问题。界定了世界一流企业的概念，并建立了评价指标体系，通过分析集成电路、互联网和能源行业企业案例，分析了国内企业与世界一流企业间的差距。基于制度、需求、战略和产业视角的理论框架，探讨了传统文化与制度创新对中国企业成长的影响。总结了世界一流企业成长的普遍规律，强调中国需要充分发挥大市场优势，依靠内外因素共同推动中国企业成长，实现在动态能力、生态系统及文化上的持续创新提升。本报告强调中国企业发展实践特色的重要性，主张中国企业应发展具有中国特色的生产组织管理模式，坚持兼容多重制度逻辑的基本经济制度，繁荣具有多样性和强适应性的企业家精神，并建立可持续的文化价值观，以实现可持续发展和全球领先。

关键词： 中国企业；世界一流企业；成长规律

Abstract: Thisreport explores how Chinese companies can grow into world-class enterprises. It defines the concept of a world-class enterprise and establishes an evaluation index system. Through analyzing cases in the integrated circuit, internet, and energy industries, it examines the gaps between domestic and world-class enterprises. A theoretical framework based on institutional, demand, strategic, and industrial perspectives is used to discuss the impact of traditional culture and institutional innovation on the growth of Chinese enterprises. The report summarizes the general laws of growth for world-class enterprises, emphasizing that China needs to leverage its large market advantages and rely on both internal and external factors to drive the growth of Chinese enterprises, achieving continuous innovation and improvement in dynamic capabilities, ecosystems, and culture. The importance of developing practices with Chinese characteristics is emphasized. Chinese enterprises should develop production and organization management models with Chinese characteristics, adhere to an economic system versatile to accommodate multiple institutional logics, thrive on diverse and adaptable entrepreneurship, and establish sustainable cultural values to achieve sustainable development and global leadership.

Key words: Chinese enterprises; World - class enterprises; Growth law

目　　录

一　对世界一流企业的认识 ……………………………………（1）
　　（一）对世界一流企业概念界定的分野 ………………（2）
　　（二）对世界一流企业的再定义 …………………………（7）
　　（三）对世界一流企业核心特征的识别分歧 …………（16）
　　（四）对世界一流企业特征画像的再建构 ……………（23）

二　世界一流企业指标体系构建 ……………………………（33）
　　（一）世界一流企业指标体系的构建原则 ……………（33）
　　（二）世界一流企业指标体系的现有研究 ……………（37）
　　（三）世界一流企业指标体系的再构建与解析 ………（50）

三　典型行业世界一流企业的比较分析 ……………………（58）
　　（一）集成电路产业典型企业比较分析 ………………（58）
　　（二）互联网产业典型企业比较分析 …………………（71）
　　（四）能源产业典型企业比较分析 ……………………（99）

四 中国世界一流企业成长的实践考察与理论框架 …… (126)
  (一) 中国实践：企业对增长的贡献 ………………… (127)
  (二) 理论框架：塑造独特性的维度 ………………… (129)
  (三) 对中国世界一流企业成长实践的考察 ………… (133)

五 中国特色世界一流企业成长规律探寻 ……………… (150)
  (一) 世界一流企业是如何成长起来的？ …………… (151)
  (二) 从"人口大国"到"世界性大市场" ………… (154)
  (三) 从"世界工厂"到"世界一流工厂" ………… (158)
  (四) 发展中国特色的生产组织管理模式 …………… (163)
  (五) 迎接加快培育世界一流企业的三重挑战 ……… (169)

参考文献 ……………………………………………………… (178)

一 对世界一流企业的认识

党的二十大报告提出,要"完善中国特色现代企业制度,弘扬企业家精神,加快建设世界一流企业"(习近平,2022)。从宏观上来说,中国的大国崛起必然要求培育一批具有全球竞争力的世界一流企业(刘瑞明和亢延锟,2018),加快建设产品卓越、品牌卓著、创新领先、治理现代的世界一流企业是实现中国式现代化的客观需要。从微观上来说,高质量发展是新时代新征程中国企业发展的根本要求,而世界一流企业作为高质量发展的典型代表,是中国企业发展的基本方向和奋斗目标。党的十八大以来,中国企业尤其是中央企业加快了对建设世界一流企业的探索步伐(王欣,2023),具备了建设世界一流企业的良好条件(徐善长,2022),出现了一批正在接近于世界一流企业水平的企业(黄群慧等,2017),但它们与真正的世界一流企业尚有差距(崔新健和欧阳慧敏,2020),中国培育和打造世界一流企业的任务依然十分艰巨。

实践中,对于建设世界一流企业,无论是有效的政策制定还是合意的企业探索,其重要基础都是对世界一流企业形成科学认识,深刻回答世界一流企业是什么和具备什么特质或衡量标准的基本问题。如果在这一基本问题上不能形成最低限度的共识，甚至出现不同形式的偏差，其结果必然是建设世界一流企业的实践陷入困境，相当程度上可能出现方向偏离。遗憾的是，目前学术界和企业界对于这一基本问题的认识存在较多分歧，隐约出现了世界一流企业"认知丛林"，结果是引致企业探索建设世界一流企业实践的困惑，而一些对世界一流企业的表面理解和认知偏离则容易对政策制定和企业实践形成误导。因此，系统梳理和理性评估对世界一流企业的既有认知观点，正本清源、整合吸收和深化建构世界一流企业的概念与特征画像，努力形成对世界一流企业认知的最低限度共识，具有重要的理论价值和现实意义。

（一）对世界一流企业概念界定的分野

目前关于世界一流企业的定义较多，既有国内学者和机构对"世界一流企业"术语的定义，也有国外学者和机构对"卓越企业""世界级企业"等近似概念的界定，呈现出多样化观点，没有形成统一的认识（崔新健和欧阳慧敏，2020）。这一方面是因为"世界一流"在西方管理学语境中被认为并不是一个严格的学术概念（黄群慧等，2017），导致对世界一流企业概念的学术界定形成挑战，另一方面则是世界一流企业群体具有多样性，世界一流企业概念兼具动态性与复杂性（刘泉红，2023），不同层面和不同视角对世界一流企业的认识易出现概念界定的差异。

梳理和分析关于世界一流企业的已有定义，基本上都采取

"属+种差"的定义方法,其区别既有对"属"的定位差异,也有对"种差"的不同识别,具体体现在对世界一流企业"范围""程度""元素"的差别上。从范围来看,不同定义对世界一流企业所属的范围边界进行了显性或隐性的界定,主要包括三个方面:首先是地域范围,一些定义对世界一流企业不限定地域范围,一些定义则明确要求在全球范围;其次是行业范围,一些定义对世界一流企业不限定行业或领域范围,一些定义则将其界定为特定行业或领域;最后是时间范围,一些定义对世界一流企业并不限定时间期限,一些定义则认为是长周期。从程度来看,世界一流企业在"属"上被界定为"引领""领军企业""标杆企业""最佳实践""优秀企业"等多种类别,它们对"一流"的理解呈现出程度的差异性。从元素来看,将特征元素作为对世界一流企业"种差"的识别是世界一流企业概念界定的普遍方法。一些定义对世界一流企业界定时并没有限定其所拥有的特征元素,只是综合性地笼统予以说明,一些定义则具体和严格地限定了其包含的特征元素。结合在"范围""程度""元素"上的限定差异,目前对世界一流企业的定义可以区分为广义、狭义和中义三类。

1. 广义的界定

对世界一流企业的广义界定采取最为宽泛的定义方式,不对世界一流企业的地域范围、行业范围和时间范围进行限定,不内嵌世界一流企业的任何特征元素,程度上也可以是多种类型,因此世界一流企业的定义较为笼统,边界非常宽泛。广义的世界一流企业表现出非常强的包容性,可解释性很高,能够将尽可能多的优秀企业囊括进来，但笼统的定义使得人们对世界一流企业的认知变得模糊，过宽的边界使得真正的世界一流企业识别困难，容易导致大量伪世界一流企业出现。

典型的广义界定包括：美国《商业词典》将"世界一流企业"简明扼要地定义为可以成为其他企业的标准和标杆的企业（苏杰芹，2022）。Lee和Kim（1996）认为世界级组织（WCO）是在为客户提供最大化价值方面属于行业中最好的，或者与最强全球竞争者表现一样优秀的企业。Schonberger（1996）认为世界级企业是能够为客户提供满意产品、可以与全球最佳企业进行竞争的企业。Newman和Chen（1999）认为世界级企业是拥有能够与全球竞争者开展竞争的具备核心竞争力的企业。Yaw（1999）认为世界级企业是当下和未来都可以在全球成功竞争，且通过提供优质产品而获得利润的企业。美国波士顿公司和澳大利亚NUM机构也都对世界级企业做出了界定，前者将其宽泛地定义为社会公认度很高的优秀企业，后者则更加笼统地将其描述为健康和有竞争力的企业（李泊溪，2012）。吕多加（2011）非常一般化地将世界一流企业定义为能够为利益相关方持续创造价值的企业。李泊溪（2012）提出，世界一流企业是在经济、社会与环境等方面能够不断创新，被世界公认为具有世界级竞争力的企业。

2. 狭义的界定

对世界一流企业的狭义界定是尽可能地从多个维度对世界一流企业进行具体框定，通过定义即可基本上获得世界一流企业的画像。狭义界定通常会对世界一流企业的地域范围、行业范围和时间范围进行明确限定，将具象化的世界一流企业特征元素嵌入于定义中，在程度要求上往往倾向于"高线"。狭义的世界一流企业通过层层条件限定，范围和边界非常狭窄，往往是广义的世界一流企业金字塔的"塔尖"企业。狭义界定对世界一流企业的具象化刻画和相对严苛的限定，虽然一方面可以使人们相对清晰地识别出世界一流企业，且所框定出来的世界一流企业通常属于"精英"企业，符合高标准的世界一流企业要求，但另一方面也导致定义的弹性和可解释性较差，容易遗漏一些具有卓越水平、本可以纳入世界一流企业范畴的企业。

典型的狭义界定包括：麦肯锡（2012）认为世界一流企业是战略导向、执行能力、进取活力的综合，是符合做大、做强、基业长青"三标准"的企业。周原冰（2012）认为世界一流企业是在全球范围内，在核心素质、运营绩效和综合价值创造方面，在所在领域处于第一等水平的企业。黄群慧等（2017）认为世界一流企业是在重要的关键经济领域或者行业中长期持续保持全球领先的市场竞争力、综合实力和行业影响力，并获得全球业界一致性认可的企业。曾宪奎（2020）将世界一流企业界定为具有全球技术领先能力，且与全球范围同行业企业相比，具有企业规模大、经营能力突出，同时高度重视社会责任、具备良好企业形象的企业。李锦（2022）认为世界一流企业是在特定的行业或业务领域内，长期持续保持全球领先的市场竞争力、行业领导力、社会影响力与价值创造力，并获得广泛认可的企业。苏杰芹（2022）认为世界一流企业是在企业规模、创新能力、核心技术、品牌影响力、国际化水平、经营管理等方面均处于行业一流水平，在全球具有极强竞争力和引领力的企业。张庆龙（2022）认为世界一流企业是在全球范围内，某一经济领域或者行业中长期保持竞争优势，具备竞争能力和竞争吸引力要素，并获得一致认可的企业。刘泉红（2023）认为世界一流企业是拥有极强的规模实力、国际化经营能力和核心竞争力，具备全球领先的产品服务质量、技术水平、品牌影响力、管理机制、人才队伍和企业文化，在资源配置中发挥重要作用，对于所在产业发展具有较强影响力，在全球经济舞台上处于第一方阵的企业。

3. 中义的界定

对世界一流企业的中义界定处于广义与狭义之间，其对世界一流企业的"范围"和"元素"做出部分限定或明确，对世界一流企业不做"程度"要求或者要求较为宽松。中义界定在"种差"上对世界一流企业进行维度区分，但维度数量不多，或者限定不是特别严格，在"属"上不做"高线"要求。中义的世界一流企业在范围和边界上居于广义和狭义之间，处于广义的世界一流企业金字塔的上部，涵盖了"塔尖"下部的扩展区域。中义界定一方面保留了广义界定的弹性与可解释性，对世界一流企业的定义具有较大弹性与解释空间，能够将更多卓越企业囊括进来，另一方面又在一定程度上表现出狭义界定的具象化和清晰性，通过定义基本上能够形成对世界一流企业的初步画像，具有一定的识别度和区分度。需要指出的是，并非所有中义界定都是高质量的，中义界定的质量取决于对世界一流企业"范围""程度""元素"的合意界定。

典型的中义界定包括：Hayes 和 Pisano（1994）认为世界

一流企业就是该产业中最佳的公司。Hodgetts 等（1994）认为世界一流企业是至少在几个重要战略领域被认为全球最好的企业。澳大利亚工业组织认为世界一流企业是能以市场需求为导向，不断创新和改进，拥有比竞争对手更高的生产率，符合道德和法规的企业（李泊溪，2012）。许保利（2011）认为世界一流企业就是在行业发展中居于领先地位的企业，是行业中的标志性企业，具有举足轻重的作用。詹艳景（2011）认为世界一流企业是在全球行业范围内比较优势最为突出的企业。蒋福佑和周侗然（2019）认为世界一流企业是全球范围内的顶尖企业，代表着所在行业和领域的最佳实践，是其他企业的标杆。潘涛等（2019）将世界一流企业界定为在全球市场竞争中引领行业发展的标志性企业。周剑波（2019）认为世界一流企业是在行业中具有引领作用和话语权，拥有核心竞争力并能保持长期可持续发展的领军企业。崔新健和欧阳慧敏（2020）提出，世界一流企业是在特定行业或领域具有全球竞争力的标杆企业。

（二）对世界一流企业的再定义

对世界一流企业定义的分歧聚焦于对世界一流企业"范围""程度""元素"的界定差异，其限定条件不同分别形成广义、狭义和中义的世界一流企业概念，因此要减少甚至弥合分歧，需要对世界一流企业的"范围""程度""元素"进行再审视，分析其应然和合意的限定条件，结合三者对世界一流企业进行再定义。

1. 对世界一流企业"范围"的再审视

对于地域范围,世界一流企业中的"世界"一词表明,其所谓的一流是在全球范围内比较而呈现出来的,即世界一流企业的概念界定应当明确地域范围为全球范围,而非某个区域或国家。如果不对地域范围予以明确,容易引起概念模糊甚至引发多种可能解释,因为一流企业既可能是高标准的全球范围领先的世界一流企业,也可能是特定区域内的区域性一流企业,或者是特定国家的国内一流企业。在对地域范围限定的表述上,既可以是直接指出地域为全球范围内,如周原冰(2012)、蒋福佑和周偶然(2019)、张庆龙(2022)的界定,也可以是表述为"全球竞争力""具有全球领先能力"等,如曾宪奎(2020)、崔新健和欧阳慧敏(2020)、李锦(2022)、刘泉红(2023)的界定。

对于行业范围,世界一流企业的概念界定是否需要对所属行业范围进行限定存在争议,其中大部分学者并没有对所属行业的性质特征予以限制,但也有少数研究认为所属行业应当具有重要地位。比如,Hodgetts等(1994)认为世界一流企业应当是在重要战略领域处于全球最优水平。在这一问题上最具代表性的观点是黄群慧等(2017)的论断,他们认为世界一流企业所处的行业必须具有举足轻重的地位,即便是达到卓越水平的"隐形冠军",但因其行业重要性一般也不应归入世界一流企业范畴。这里实际上包含两个层次问题:第一个层次是在特定行业或领域处于领先状态或卓越水平的企业是否属于世界一流企业,也就是说,在全球范围内非综合性的卓越企业是否属于世界一流企业；第二个层次是行业或领域重要性是否是世界一流企业的必要条件，即只有处于重要行业或领域的企业才可能属于世界一流企业。对于第一个层次，多元化战略和聚焦战略都是企业获取竞争优势的重要方式，多元化协同所形成的综合性优势是企业竞争优势的重要体现，而聚焦于某一细分行业或领域所形成的专业化优势也是企业竞争优势的重要来源，因此无论全球范围内综合性的卓越企业，还是在特定行业或领域处于领先状态或卓越水平的企业，都可以归属于世界一流企业。事实上，对世界一流企业的诸多狭义界定和中义界定都指出了世界一流企业属于特定行业或领域，前者如李锦（2022）的界定，后者如崔新健和欧阳慧敏（2020）的界定。对于第二个层次，一方面行业或领域的重要性可能因为审视视角和判断标准不同而有差异性，另一方面企业所从事的行业或领域只要对社会有价值和益处就可以认为具有重要性，因此对世界一流企业的界定并不需要特别指出和强调行业或领域的重要性。

对于时间范围，世界一流企业应当"真正经得起时间检验并呈现出持续竞争力"的观点（黄群慧等，2017）得到较高程度认同，这一方面是因为人们往往采取最佳实践的"事实标准"即能否经得起时间检验来评价企业是否是世界一流企业（周原冰，2012），另一方面则是因为基业长青、永续经营被认为是世界一流企业呈现的"自然"状态（常青青和刘海兵，2022）。尽管如此，目前对于世界一流企业的概念界定是否需要做出"长期"限定仍然存在分歧。大部分对世界一流企业的既有定义均没有"长期"字样的限定，但也有少数学者明确指出"长期"的时间范围要求。比如，黄群慧等（2017）认为世界一流企业要"长期持续保持全球领先的市场竞争力、综合实力和行业影响力",周剑波(2019)认为世界一流企业"能保持长期可持续发展"。然而,一方面,"长期"的概念非常宽泛,范围边界非常大,既可以是百年以上,也可以是十年,区间存在巨大弹性。传统上更多地将经历了几十年以上的企业归属于世界一流企业范畴,但新兴经济体的许多企业诞生时间并没有几十年,只有十几年或二十年左右,却保持了较好的领先状态,如此就将他们排除世界一流企业范畴并不妥当。另一方面,世界一流企业的评价和判断都是立足于特定时期或阶段,往往具有情境性,评价和判断的时间范畴更注重当下及之前一段时期,这一时期的长短一般不会回溯到几十年以上,因此将存续于几十年以上作为世界一流企业的必要条件并不妥当。此外,对世界一流企业的评价和判断往往是回溯性的,"长期"表现的考察也是以历史和当下的表现为依据,很难做出预测性与预期性判断,因此对于未来的"长期"概念往往只能停留于语义层面而缺乏实质性意义。综合以上分析,在世界一流企业的概念界定中并不需要运用"长期"术语进行严格限定,但应该反映出世界一流企业能够动态地持续保持领先状态。也就是说,世界一流企业的"长期"领先状态可以通过诸如"动态能力""可持续发展能力"等内嵌"长期"含义(包括过去与将来)的特征元素予以体现,而不必在时间范围上做出严格限定。

2. 对世界一流企业"程度"的再审视

"程度"反映出对世界一流企业中"一流"的认知与理解,是对世界一流企业在"属"上的总体定位,体现出对世界一流企业综合发展水平的集成刻画。目前对"一流"的程度界定呈现出多样化语义和多种观点，涵盖不同等级的定位，包括："优秀企业"，如 Lee 和 Kim（1996）、美国波士顿公司（2006）的界定（李泊溪，2012）；"标杆企业"，如蒋福佑和周偶然（2019）、崔新健和欧阳慧敏（2020）的界定；"第一等水平企业""第一方阵企业"，如周原冰（2012）、刘泉红（2023）的界定；"标志性企业"，如许保利（2011）、潘涛等（2019）的界定；"领军企业"，如周剑波（2019）的界定；"最佳企业""最好企业""最突出的企业"，如 Hayes 和 Pisano（1994）、Hodgetts 等（1994）、Schonberger（1996）、詹艳景（2011）的界定；"顶尖企业"，如蒋福佑和周偶然（2019）的界定。

实际上，"一流"在语义上就是第一等、处于上层区间，背后隐含了比较的概念，即"一流"是相互比较的结果。进一步来看，"优秀"更强调企业自身的表现优劣，比较的成分更弱，且"优秀"在含义上与"一流"相比会差距，因为通常认为"卓越企业"与世界一流企业更为接近（黄群慧等，2017；常青青和刘海兵，2022），而优秀到卓越仍有较大距离。"最佳""最好""最突出""顶尖"虽然反映出最为强烈的比较成分，但"最佳"或"最突出"往往意指极少数个体，而个不是一个上层区间，难以准确表达"一流"的群体或区间概念。而且，"最佳""最好""最突出"的判断主观性极强，不同人群的解读差异非常大，容易造成相当程度的混乱。"标志性"反映企业在企业界和社会中的重要地位，而"领军"则更强调企业对其他企业的影响力和带动力，它们都只是体现"一流"的一个方面。"第一等水平""第一方阵"虽然具有企业群体的区间概念，且隐含有相互比较的成分，但却对企业本身表现优劣的要求不足，"劣中选优"的现象可能出现。

相比较而言，"标杆"本意指的是测量的用具，用于指示测量点，在现实中更多地被引申为学习的榜样。由此，标杆企业蕴含两个层面的含义：第一个层面是自身做得好、表现优异，榜样一定是在综合领域或某些方面表现突出的、具有积极意义的企业，有其他企业值得学习的地方；第二个层面是与其他同类企业或一般企业相比，榜样是在综合领域或某些方面处于第一等、上层区间的企业，同时还是其他企业通过学习和努力可以达到的。也就是说，标杆企业是表现卓越的榜样企业。更进一步地，识别世界一流企业的目的在于培育和建设世界一流企业，探寻一般企业、优秀企业如何通过学习而成长为世界一流企业，此时的世界一流企业具有极强的"标杆"意义，是其他企业学习的榜样。因此，与"优秀""第一方阵""标志性""领军""最佳""最好""顶尖"的表述相比，"标杆"更能准确刻画世界一流企业的"程度"水平，将世界一流企业在"属"上定位成标杆企业更为合理。

3. 对世界一流企业"元素"的再审视

"元素"刻画是要挖掘世界一流企业与其他标杆企业的种差，反映出世界一流企业作为"标杆企业"的具体表现。对于在世界一流企业定义中的特征元素嵌入问题，目前存在两个层面的分歧：第一个层面是在定义中是否需要嵌入特征元素，世界一流企业的广义界定并没有嵌入特征元素，而狭义界定和中义界定则嵌入了特征元素；第二个层面是在定义中嵌入何种特征元素，狭义界定和中义界定对嵌入特征元素的多寡与要求不尽相同。对于第一个层面问题，如果不嵌入特征元素，不对世界一流企业作为一种"标杆企业"的具体表现进行刻画，不区分世界一流企业与标杆企业的"种差"，那么就没有必要专门提出"世界一流企业"概念，直接用标杆企业代替即可，因此在世界一流企业的定义中有必要嵌入特征元素。对于第二个层面问题，在世界一流企业的定义中，"元素"刻画既不宜过于笼统，也不宜过于具体，前者难以区分出世界一流企业与其他标杆企业的种差，无法有效界定出世界一流企业的本质特征；后者则可能缺乏包容性，难以将不同类型、不同属性的世界一流企业进行准确的具象化刻画，从而造成定义的不准确和不科学。

尽管目前的狭义界定和中义界定都不同程度嵌入了特征元素，但对于在世界一流企业定义中嵌入特征元素的逻辑和方法却是不清晰的，实用性嵌入、经验性嵌入甚至"拍脑袋"式嵌入经常出现，这不仅难以从本质层面和规律层面进行有效的特征元素嵌入，而且也造成对世界一流企业定义的众说纷纭。从正本清源的角度，对世界一流企业进行科学的"元素"刻画，最终需要回归于最基本的企业刻画方法。对一个企业的完整刻画需要从动力、过程、结果"三位一体"予以开展，形成逻辑连续一致的刻画。动力反映出驱动企业发展的力量来源，既可以是来自外部的压力，也可以是内生的驱动力，后者又可以是纯粹商业驱动，也可以是社会使命驱动。世界一流企业往往更强调内生的使命驱动，将推动经济社会可持续发展作为企业发展的基本动力，将社会使命与商业运营深度融合，形成卓越的可持续发展能力。过程反映出企业运营与发展的行为逻辑，表现为企业在使命愿景驱动下的发展范式。世界一流企业往往更加强调核心能力、核心竞争力的建构与动态更新，更加突出依托核心竞争力获取持续竞争优势，形成差异化、集约化、高质量的发展模式。结果反映企业最终的产出效果，既表现为企业自身的财务业绩，也包括企业对社会创造的价值贡献。世界一流企业在使命驱动和突出核心竞争力的作用下，往往具有领先的价值创造能力，不仅能够保持优异的财务业绩，而且可以创造可观的社会价值。综合动力、过程、结果三个维度，世界一流企业应当拥有突出核心竞争力、领先价值创造能力、卓越可持续发展能力。

4. 对世界一流企业概念的再界定

综上所述，世界一流企业可以采取中义的界定方式，即定义为：在全球范围或特定行业或领域中拥有突出核心竞争力、领先价值创造能力、卓越可持续发展能力的标杆企业。在这一定义中，世界一流企业在"属"上或"程度"上定位为标杆企业；地域范围是全球范围，行业范围既可以是特定行业与领域，也可以是不限定行业的综合领域，时间范围不严格限定"长期"，但"卓越可持续发展能力"隐含"长期"领先的要求；在"种差"的元素刻画上，世界一流企业区别于其他标杆企业是拥有突出核心竞争力、领先价值创造能力、卓越可持续发展能力。这一定义综合了广义界定与狭义界定的优点，同时又对既有的中义界定进行超越，在底层逻辑上具有连续一致性，不仅对世界一流企业具有较高的识别度，而且表现出较优的包容性和可解释性，形成与现实中世界一流企业成长规律的映射。

按照这一定义，世界一流企业可以区分为全球性世界一流企业和行业性世界一流企业。前者所介入的行业或领域较多，其"世界一流"反映在综合实力的领先上，或者虽然有参与的主要行业和业务领域，但人们对其"世界一流"的认知往往脱离于行业，强调其表现出来的普遍意义的企业领先属性。后者往往是聚焦于特定行业或领域，在行业或领域内处于持续领先地位的企业，属于行业标杆，其"世界一流"与行业密切关联。全球性世界一流企业往往是规模量级巨大的企业，且在全球范围内具有重大影响力，这一类企业符合传统上认为世界一流企业应当是大企业的要求。比如，胡鞍钢和马英钧（2018）认为进入世界500强是世界一流企业的首要标准。行业性世界一流企业可以是特定行业或领域规模巨大的企业，但也可以是"小而美"的企业，这意味着"隐形冠军""单打冠军"也可以成为世界一流企业。实际上，在新一轮科技革命和产业革命背景下，创新成为驱动企业发展的第一动力，具有较强创新能力的"小而美"的企业呈现出越来越强的生命力，因此将"隐形冠军""单打冠军"纳入世界一流企业的考虑范畴具有重要的现实意义。从实践来看，国家已经启动将"隐形冠军""单打冠军"等"小而美"的专精特新企业纳入"世界一流"建设范畴，2023年2月国务院国资委下发《关于印发创建世界一流示范企业和专精特新示范企业名单的通知》（国资厅发改革〔2023〕4号），200家央地国企入选创建世界一流专精特新示范企业名单。

（三）对世界一流企业核心特征的识别分歧

世界一流企业作为全球范围或特定行业与领域的标杆企业，到底具有哪些关键要素和核心特征，回答这一问题是开展世界一流企业评估评价的基础，也是培育世界一流企业的客观要求。相较于世界一流企业的定义，目前对世界一流企业的要素、特征、标准研究呈现出更加多元的观点，多个机构和学者基于不同视角形成了多样化认知，分歧尤为明显。通过梳理和分析世界一流企业特征识别的既有研究观点可以发现，依据对世界一流企业特征元素的强调重点差异，这些观点可以大致归结为三类：侧重资源能力的特征识别、侧重行为绩效的特征识别和多元综合平衡的特征识别。

1. 侧重资源能力的特征识别

侧重资源能力的特征识别通常是以所拥有的资源和展现出来的能力视角观察世界一流企业，着重探寻它们在这两个方面所表现出来的共同特征。侧重资源能力的特征识别所隐含的理论基础是资源基础观、核心能力理论和动态能力理论，其强调异质性资源要素和独特核心能力对世界一流企业成功的重要性，重点识别世界一流企业相对其他企业在资源和能力上的差异，以特征呈现的方式刻画出"世界一流"的资源和能力表现，形成对世界一流企业的大致特征画像。侧重资源能力的特征识别主要有两类观点：第一类是纯粹以资源能力为要素的特征刻画，如唐任伍和孟娜（2020）提出世界一流企业特征涵盖盈利能力、标准贡献能力、抗风险能力和引领趋势能力；第二类是以资源能力要素为主、其他要素为补充的特征刻画，如王丹和刘泉红（2021）认为世界一流企业表现出硬实力雄厚、软实力卓越、创新能力可持续、国际化水平高四个方面的特征。侧重资源能力的特征识别的代表性观点如表1-1所示。

表1-1　侧重资源能力的特征识别的代表性观点

学者或机构	世界一流企业的特征或要素
刘郑国（2011）	全球领先的科技创新能力、行业主导权、产业链整合能力、强大的品牌优势、独特的运营模式、国际化经营能力和水平
詹艳景（2011）	持续不断的创新能力、放眼全球的资源整合能力、重视未来的风险识别和管控能力、吸引和培养企业核心人才的能力、企业社会责任的承担能力
曹培玺（2012）	一流的自主创新能力、一流的资源配置能力、一流的风险管控能力、一流的国际化经营能力、一流的可持续发展能力，一流的企业经营业绩、一流的人才队伍素质、一流的企业品牌形象
波士顿咨询公司（2017）	充裕的资本流通、跨行业信息洞察、集团管理人才储备、集团品牌价值
储天晴（2018）	基本的生存能力、很强的显性竞争力、强大的隐性竞争力、优秀的核心竞争力
唐任伍和孟娜（2020）	以"产值"和"营收"为核心内容的企业"盈利能力"、以"标准"和"规则"为核心内容的"标准贡献能力"、以强大的"韧性"和"耐力"为核心内容的"抗风险能力"、以"原始创新"和"有效专利"为核心内容的"引领趋势能力"
曾宪奎（2020）	在全球竞争中具有突出的核心竞争力，具有短期内其他企业难以模仿也难以超越的独特竞争优势
张振刚等（2020）	先进的理念基因、健全的管理基因、杰出的人才基因、卓越的创造基因和领先的能力基因
王丹和刘泉红（2021）	硬实力雄厚、软实力卓越、创新能力可持续、国际化水平高

续表

学者或机构	世界一流企业的特征或要素
李政等（2022）	经营能力、创新能力、可持续发展能力、国际竞争力和品牌影响力
张振刚等（2023）	资本规模、效益增长能力、创新能力、国际化能力、社会影响力

2. 侧重行为绩效的特征识别

侧重行为绩效的特征识别是从所表现出来的组织行为和经营结果视角对世界一流企业进行观察，重点考察它们呈现的共同的行为规律和绩效特点。侧重行为绩效的特征识别隐含一个基本假设，即世界一流企业遵循"意愿—能力—行为—绩效"的运行规律，行为和绩效是企业战略意图的反映，是企业资源能力作用的结果，因此由组织行为和经营绩效基本上能够反映出世界一流企业的全景特征。实际上，侧重行为绩效的特征识别通常是比较世界一流企业与一般企业在经营活动和绩效上的差异，将其作为主要维度归纳总结出世界一流企业的普遍特征。依据侧重点的不同，侧重行为绩效的特征识别可以区分为两类主要观点：第一类是侧重企业行为识别的特征刻画，比如德勤华永会计师事务所（2019）提出世界一流企业特征的十要素，即战略管理、公司治理、管控与运营、领导力建设四个企业管理的基础要素，以及国际化、人才管理、创新管理、品牌管理、并购管理和数字化六个提升企业竞争力的核心要素。这类观点认为经营行为是连接意愿能力和绩效的关键环节，能够反映前置因素和后向效应。第二类是侧重企业绩效识别的特征刻画，比如杨莲娜和冯德连（2020）认为世界一流企业应当具有企业规模大、企业效益好、国际化程度高、企业创新能力强、品牌价值高等特点。这类观点认为绩效是企业意愿、能力和行为的最终结果，隐含了这些要素环节的水平。侧重行为绩效的特征识别的代表性观点如表1-2所示。

表1-2　　　　　　侧重行为绩效的特征识别的代表性观点

学者或机构	世界一流企业的特征或要素
Peters 和 Waterman（1982）	积极行动，贴近消费者，重视自主创新，以人助产，价值驱动，专注核心业务，企业结构简单，宽严并济
Hayes 等（1988）	成为最佳的竞争者、比竞争对手具有更快的增长速度和更强的赢利能力、雇佣和留住最好的人才、具有一流的管理团队、能够迅速和果断地对市场环境变化作出反应、采用最优的产品和工艺流程方法、持续改进设施及技术和支持系统
Schonberger（1996）	基础管理、设计、制造、人力资源、质量程序、运营和控制信息、能力和营销等方面都力求做到最好
Newman 和 Chen（1999）	合适的规模、优质的产品和服务、有在国内或者国际市场上与跨国公司开展竞争的能力、遵循全球运营规则和标准、国际化管理、较高的柔性管理能力、保持核心专长
Debra（2006）	产品、服务、总成本、对市场的反应、组织能力、企业责任
蓝海林（2008）	追求相对规模、关注产品质量和性能、有能力参与全球竞争、能够按照世界通行标准运作、能够跨国界和跨文化管理、具有高度柔性、善于取舍和保护核心专长
陶少华（2011）	实行全球战略目标、实施多元化发展和跨国并购进行规模扩张、技术创新成为公司发展原动力、将新技术新产品作为企业竞争的制高点、高度重视人才和企业的科学管理
王毅（2011）	持续领先的自主研发能力、具有国际竞争力的品牌和产品、包容进取的企业文化、科学正确的战略和坚定不移地执行、国际化的高素质人才队伍、标准化的企业管理体系
李泊溪（2012）	始终关注全球市场、持续追求卓越业绩、调动全球最佳才能、塑造优秀企业文化
张文魁（2012）	竞争、份额、价值、产业、品牌、人才、机制、文化

续表

学者或机构	世界一流企业的特征或要素
周原冰（2012）	较大的规模和持续良好的业绩表现、强大的品牌影响力、卓越的产品和服务、较高的国际化水平
国务院国资委（2013）	公司治理、人才开发与企业文化、业务结构、自主研发、自主品牌、管理模式与商业模式、集团管控、风险管理、信息化、并购重组、国际化、社会责任、绩效衡量与管理
罗兰贝格管理咨询公司（2017）	海外收入份额、跨地区经营利润分配、管理团队的整合、拥有综合的独特的发展计划、全球品牌或形象影响、全球技术影响力
陈春花（2019）	全球生产力布局、行业标准与技术创新引领、世界公认的品牌、顶层设计的治理结构
德勤华永会计师事务所（2019）	战略管理、公司治理、管控与运营、领导力建设、国际化、人才管理、创新管理、品牌管理、并购管理、数字化
蒋福佑和周偶然（2019）	全球化运营能力优、规模与运营绩效佳、核心竞争力强、管理水平高、品牌影响力大
宋志平（2019）	品牌一流、质量一流、服务一流、人才一流
王秀娜和李军（2019）	规模业绩、服务质量、财务水平、创新能力、管理水平、人才队伍、国际化发展、社会责任
崔新健和欧阳慧敏（2020）	规模、效益、创新、国际化、品牌
杨莲娜和冯德连（2020）	企业规模大、企业效益好、国际化程度高、企业创新能力强、品牌价值高
陈秋（2021）	庞大的资产和销售规模，核心竞争优势凸显，盈利能力较强；拥有科学的战略决策体系、规范的内部管控体系、完善的公司治理体系、优秀的企业文化和显著的人力资源优势；较强的创新能力，注重培育自身的动态发展优势；国际化程度较高
常青青和刘海兵（2022）	规模合理、专注主业；贴近客户、优质产品；自主创新、核心专长；结构简单、柔性管理；价值驱动、持续变革；全球运营、国际竞争

3. 多元综合平衡的特征识别

多元综合平衡的特征识别是从更多元视角和更丰富维度对世界一流企业进行观察，力求更加系统全面地反映世界一流企业的多元特征。多元综合平衡的特征识别既关注世界一流企业在组织行为和经营绩效上表现出的普遍规律，也重视资源和能力对于世界一流企业的关键作用，通过将二者综合起来、建立二者之间的内在平衡关系甚至一致性对世界一流企业的特征予以刻画。多元综合平衡的特征识别隐含地认为，世界一流企业是一个综合行动体，其意愿、能力、行为、绩效应当各自反映，而不能只是局部地体现，因为它们之间的必然性与替代性并不总是成立。相较侧重资源能力的特征识别和侧重行为绩效的特征识别，多元综合平衡的特征识别通常会更加具体和细致，如黄群慧等（2017）将世界一流企业的综合特征归结为资源基础、动态能力、战略柔性和价值导向四维关键要素，并具体化为强大的企业家精神、倚重组织文化力量、重视品牌形象与社会声誉、以发展型战略应对复杂环境、适时调整业务架构、具有全球化资源配置和管理能力、优秀的公司治理结构、紧密化的集团管控、能把握重大机遇与克服组织惰性的管理创新、能激发员工创造力的人力资源管理、战略型与价值型的财务管理11个方面。多元综合平衡的特征识别的代表性观点如表1-3所示。

表1-3 多元综合平衡的特征识别的代表性观点

学者或机构	世界一流企业的特征或要素
许保利（2011）	生产代表行业最高水平的产品、拥有生产同质产品的前沿技术、拥有很强的技术创新能力、企业必须专业化、企业具有明确的使命、企业具有相应的业务单元、有一定水平的持续盈利能力、企业拥有价值链管理能力
赵红（2011）	战略创新能力、管理水平和资产质量、品牌、在国际市场中的获利能力、企业社会责任、独特的核心竞争力
国务院国资委（2014）	"四强"，即自主创新能力强、资源配置能力强、风险管控能力强、人才队伍强；"四优"，即经营业绩优、公司治理优、布局结构优、企业形象优
张皓洁和王曦（2016）	杰出的经营业绩、显著的国际影响力、卓越的创新力、强大的业务竞争优势、优异的管理运营能力
黄群慧等（2017）	强大的企业家精神、倚重组织文化力量、重视品牌形象与社会声誉、以发展型战略应对复杂环境、适时调整业务架构、具有全球化资源配置和管理能力、优秀的公司治理结构、紧密化的集团管控、能把握重大机遇与克服组织惰性的管理创新、能激发员工创造力的人力资源管理、战略型与价值型的财务管理
国务院国资委（2019）	"三个领军"：成为在国际资源配置中占主导地位的领军企业，引领全球行业技术发展的领军企业，在全球产业发展中具有话语权和影响力的领军企业；"三个领先"：效率领先、效益领先和品质领先；"三个典范"：成为践行绿色发展理念的典范、履行社会责任的典范、全球知名品牌形象的典范
潘涛等（2019）	全球资源配置能力强、财富综合创造能力突出、规模实力领先、品牌与文化影响力大、引领全球行业技术发展、管理水平卓越、践行社会责任与绿色发展的典范
周剑波（2019）	杰出的经营业绩、显著的国际影响力、强大的业务竞争力、卓越的自主创新能力、优异的经营管理能力、优秀的人才队伍
彭麟和李于达（2020）	"五强"：战略管控能力强、运营管理能力强、资源配置能力强、创新引领能力强、人才支撑能力强；"四优"：经营业绩优、布局结构优、公司治理优、品牌形象优
杨永胜（2021）	优质的规模效益表现、持续的行业引领能力、突出的核心竞争能力、协同发展的战略与文化、先进的全球发展水平、良好的公司治理能力、超强的执行力和行动力、尊敬的社会责任义务

（四）对世界一流企业特征画像的再建构

从既有研究来看，侧重行为绩效对世界一流企业的特征识别更为显性化、更为直观，侧重资源能力的特征识别更为隐性化、更为深入，而多元综合平衡的特征识别兼具二者特点并相对折中。进一步来看，识别世界一流企业核心特征的目的不仅是要分辨出什么样的企业属于世界一流企业，而且应当能够找寻出世界一流企业成功的关键要素，前者为一般企业成长进化成为世界一流企业提供"目标模样"，后者为培育和建设世界一流企业提供"重要秘诀"，因此对世界一流企业核心特征的识别应当涵盖显化特征和内隐要素两个层面。然而，一方面是多元综合平衡的特征识别并没有对显化特征与内隐要素加以区分，另一方面是既有研究绝大多数都属于经验式识别，对世界一流企业的定义与特征识别之间缺乏逻辑一致性。鉴于此，有必要由世界一流企业的定义出发，分别从显化特征与内隐要素两个层面对世界一流企业特征画像进行逻辑一致的再建构，推动在有效识别和科学判断世界一流企业上形成最低限度的共识。

1. 世界一流企业的显化特征

由世界一流企业的定义可知，无论是全球性世界一流企业还是行业性世界一流企业，突出核心竞争力、领先价值创造能力、卓越可持续发展能力是世界一流企业作为标杆企业的共同要求。从企业刻画视角来看，结果不仅可以有效展现，同时动力、过程的作用效果在相当程度上也可以由结果予以反映，因此在显化特征层面通常由结果来集中刻画企业。世界一流企业亦不例外，突出核心竞争力、领先价值创造能力、卓越可持续发展能力反映在结果层面集中表现为企业的综合价值领先，这也是世界一流企业的总体显化特征。综合价值既是经济价值、社会价值和环境价值的综合，也是企业价值、利益相关方价值和社会整体价值等多重价值的全面反映（肖红军等，2014）。一方面，综合价值领先意味着企业价值在全球范围或行业内处于领先地位，企业表现出卓越的经营业绩，不仅保持较好的规模增长，而且具有优异的效益指标，企业经营的健康性和可持续性呈现较佳状态。另一方面，综合价值领先表明企业所创造的利益相关方价值和社会整体价值处于领先定位，企业在满足利益相关方和社会的经济与非经济多元需求方面表现卓越，企业与利益相关方的共赢、企业与社会的共益获得广泛认同（肖红军和阳镇，2019）。

如果对世界一流企业的总体显化特征进行更加深入和细化分析，尤其是着眼于如何培育和打造世界一流企业角度，那么有必要从企业刻画的过程维度对世界一流企业的具体显化特征开展识别，即将综合价值领先的结果特征进行过程与行为的显化归因。进一步来看，2022年2月中央全面深化改革委员会第二十四次会议提出，要"加快建设一批产品卓越、品牌卓著、创新领先、治理现代的世界一流企业"，"产品卓越、品牌卓著、创新领先、治理现代"成为建设世界一流企业的16字标准，也可以认为是世界一流企业的具体显化特征。实际上，无论是综合价值领先结果的归因，还是突出核心竞争力、卓越可持续发展能力的反映，都要求世界一流企业在产品、创新、治理、品牌上下功夫，形成领先于其他企业的一流的"四位一体"组合。需要指出的是，产品卓越、品牌卓著、创新领先、治理现代并不是相互割裂的，而是紧密联系、相互增强并成为一个整体，共同构成世界一流企业的建设标准和显化特征，如图1-1所示。

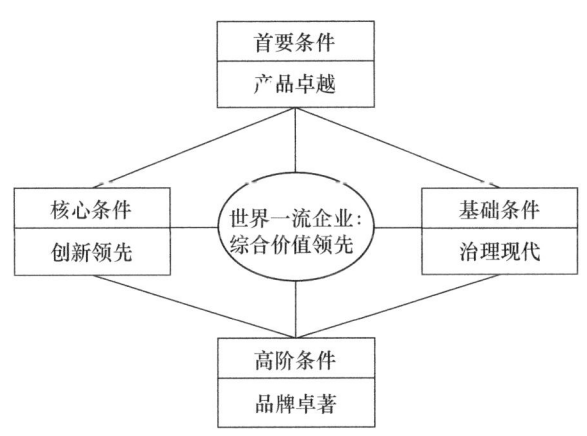

图1-1 世界一流企业的显化特征

第一，产品卓越是成为世界一流企业的首要条件。生产和提供社会所需要的产品与服务是企业发挥核心社会功能的根本体现，是企业存在于社会之中最根本、最基础的价值所在。产品卓越被认为是企业的硬实力，也是企业实现高质量发展的起点（李锦，2022）。世界一流企业要获得领先的价值创造能力和可持续发展能力，首要的就是能够高效和有效地提供市场所需要的产品与服务，能够有针对性地提供高品质、高标准、高价值、高体验、高认同的产品与服务，能够形成相对其他企业的差异化产品与服务优势。按照产品整体概念的五个层次，产品卓越意味着世界一流企业在核心产品、基础产品、期望产品、附加产品和潜在产品上均表现卓越，能够提供一流的顾客价值层级，赢得客户和社会认同。产品卓越表明世界一流企业所提供的产品与服务除了卓越的功能性和体验性外，还需要具有优异的效率性和价值性，同时应当表现出先进性与精益性，确保产品与服务实现长期的、连续一致的卓越性。

第二，创新领先是成为世界一流企业的核心条件。党的二十大报告强调，"必须坚持科技是第一生产力、人才是第一资源、创新是第一动力"，"坚持创新在中国现代化建设全局中的核心地位"（习近平，2022），加快实施创新驱动发展战略。在新一轮科技革命和产业革命背景下，创新不再是企业生存与发展的可选项，而是企业实现高质量发展的必答题。创新既可以是企业核心竞争力的直接构成，也可以成为企业核心竞争力的根本来源。无论是全球性世界一流企业还是行业性世界一流企业，在全球范围或行业领域内的创新领先成为"世界一流"的关键，是实现产品卓越和品牌卓著的重要支撑。特别是，正是因为创新在经济社会和企业发展中的战略地位，传统上没有被纳入的"小而美"的"隐形冠军""单打冠军"因其领先的创新能力而被考虑进入世界一流企业范畴。创新领先意味着世界一流企业不仅掌握行业或领域的关键核心技术，而且拥有相对完善的创新体系，创新投入、创新范式、创新产出都处于持续领先地位，实现由规模优势向技术优势和价值优势的转变，甚至成为技术创新的策源地（夏杰长，2022）。世界一流企业往往不但强调基础研究和技术创新，而且高度重视成果转化和产业化，同时也不断进行商业模式创新和企业管理创新，通过全方位的创新使企业长期迸发发展活力。

第三，治理现代是成为世界一流企业的基础条件。从企业层面来看，治理现代中的"治理"是一个广义概念，涵盖了公司治理、企业管理和制度建设。企业作为一个多种要素汇聚的组织，只有通过有效的公司治理、企业管理和制度建设，才可能发挥出整体力量和系统优势。缺乏现代化的治理，企业难以言及"现代企业"。正因如此，治理体系与治理能力现代化不仅事关世界一流企业发展活力的迸发，更是产品卓越、品牌卓著和创新领先的重要基础。特别是，在百年未有之大变局背景下，世界一流企业要对高度动态、极度复杂的内外部环境做出响应甚至战略引领，治理现代至为关键。治理现代一方面表现在世界一流企业能够顺应和引领公司治理演变的新趋势，结合行业属性和企业特点，形成权责法定、权责透明、协调运转、有效制衡的治理结构和治理机制，另一方面表现在世界一流企业探索形成符合"人性的现代认知、组织的现代假设"的企业管理模式，具有先进和前瞻的管理理念，不断创新和运用适配性的管理方法与工具。此外，治理现代还意味着世界一流企业能够有效平衡制度刚性与制度弹性，做出最大程度激发组织及其成员积极性和创造性、最大限度约束组织及其成员不规范行为的企业制度安排。

第四，品牌卓著是成为世界一流企业的高阶条件。品牌是人们对企业、企业提供的产品与服务、企业的外化行为所形成的认知，反映出人们对企业形象的认同水平。品牌不仅被认为是企业的无形资产和软实力的体现（李锦，2022），而且关系到企业经营的"合法性"和可持续性。品牌的知名度、美誉度和忠诚度一方面直接决定企业的品牌价值大小，另一方面深刻影响企业的产品销售和市场渗透，同时还关乎企业的资本市场表现。世界一流企业无一例外都高度重视品牌建设与管理，打造并形成具有广泛影响力、广受认可的一流品牌，由此品牌卓著成为世界一流企业的标配，在更高层次上形成世界一流企业相对其他企业的竞争优势。更进一步地，品牌本质上是"品质+牌子"，品牌卓著意味着世界一流企业不仅提供卓越品质的产品与服务，表现出高品质的组织行为，夯实品牌根基，而且重视和善于进行品牌建设与维护，擦亮和唱响以品质为基础的"牌子"，塑造形成具有高知名度、美誉度和忠诚度的品牌。品牌卓著还意味着世界一流企业广受认同和尊重，而其关键则是世界一流企业积极承担社会责任，主动推动社会进步，最大限度创造社会价值。

2. 世界一流企业的内隐要素

世界一流企业之所以能够持续取得领先，实现"产品卓越、品牌卓著、创新领先、治理现代"，背后隐藏的深层次原因在于世界一流企业具有更为内生性的驱动力和支撑更优行为的内隐要素，表现为使命驱动、战略柔性、动态能力、生态系统和文化基因，由此使得世界一流企业相对其他企业具有更开阔的视野、更充足的动力、更高效的运营、更强的生命力和更持久的韧性。在内隐要素中，使命驱动、战略柔性、动态能力、生态系统和文化基因分别是或反映世界一流企业的发展导向、发展方向、发展基础、发展方式和发展保障（如图1-2所示），它们在本质上共同构成世界一流企业的突出核心竞争力、领先价值创造能力、卓越可持续发展能力。

一是长期主义的使命驱动。世界一流企业往往都是使命驱

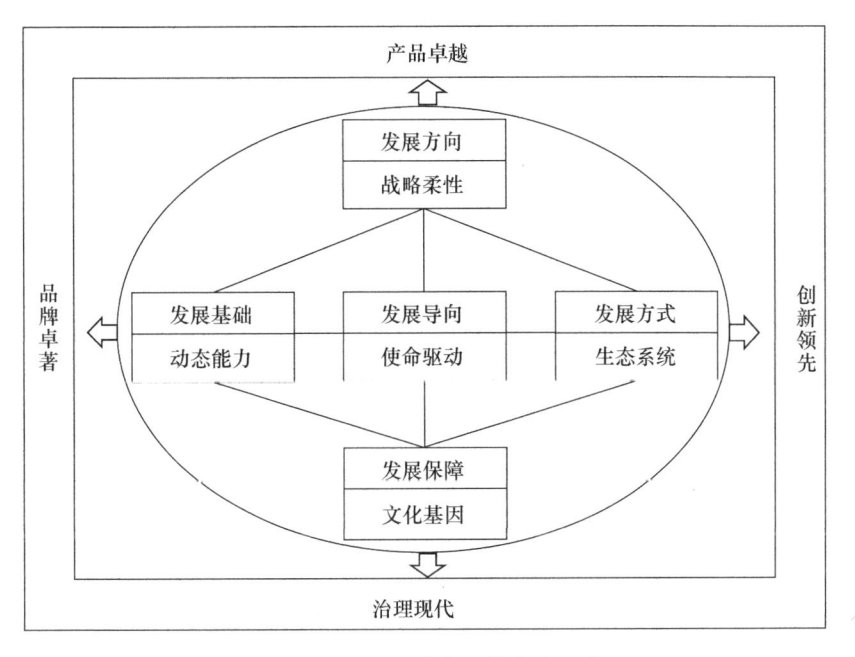

图 1-2 世界一流企业的内隐要素

动型企业，对人类和社会的强烈使命感与责任感是世界一流企业发展的根本动力来源。世界一流企业通常会超越从自我出发和纯粹商业视角定位自身存在价值与意义，取而代之的则着眼于社会需要和人类进步角度认识自身为什么要存在。世界一流企业因为对破解社会问题和满足社会需要的追求而设立出现，并在发展过程中始终秉持致力于推动社会进步的企业使命。使命驱动意味着世界一流企业跳出短期利益最大化和股东利益最大化的纯粹商业导向，立足长期主义，坚持社会价值本位，以符合社会标准的方式开展商业运营，将参与解决社会问题和满足社会需要与商业运营深度融合，创造社会价值与企业价值相得益彰的共享价值。从实践来看，2019 年 8 月美国 181 位顶级公司 CEO 共同签署了由美国商业组织"商业圆桌会议"发起的

《公司宗旨宣言书》，重新对企业运营宗旨进行定义，将企业的首要任务界定为创造一个更美好的社会，不再将股东利益作为企业最重要的目标。这表明长期主义的使命驱动已经成为世界一流企业的基本共识，也是世界一流企业开展商业运营的根本取向。

二是以变应变的战略柔性。战略柔性是企业因应环境变化而进行的动态战略调整与更新，以使企业战略权变地匹配于内外部环境和成长阶段。战略柔性能够确保企业战略方向与战略执行的适应性，是企业在高度动荡环境下生存与繁荣发展的重要条件（Lim等，2011）。世界一流企业往往能够从战略上对环境变动做出快速反应和主动响应，甚至做出有利于组织的主动"制造变化"，表现出高水平的以变应变的战略柔性。世界一流企业的战略柔性既是前瞻柔性和响应柔性（Evans，1991）的互动，又是资源柔性和协调柔性（Sanchez，1995）的组合，呈现为一个复杂的自适应系统。战略柔性意味着世界一流企业往往采取"半固定式"的战略导向（黄群慧等，2017），能够有效识别和判断环境变化的方向与节奏，据此适应性地调整战略方向和灵活改变资源配置，形成自组织、自适应、自调整、自优化、自匹配的环境变化与战略更新良性循环，避免陷入战略认知惰性和固守陈旧战略的陷阱。在实践中，世界一流企业也最大限度地规避"过犹不及"的战略柔性，警惕过度柔性的"副作用"，避免陷入"战略柔性陷阱"。

三是穿越周期的动态能力。动态能力作为企业发展的非均衡性高阶能力，是企业在动态环境下不断获取先动优势、形成持续竞争优势、实现持续领先地位的决定因素，是企业走出环境扰动、穿越行业周期和成长周期的关键因素。世界一流企业之所以能够在超竞争环境中保持竞争优势，能够跨越环境剧烈变动期和行业周期，非常重要的原因在于它们构建和形成了具有异质性、开放性、拓展性、迭代性的动态能力，可以依随环境变化不断整合、重新配置和动态更新内外部资源，系统创造和调整运营惯例。世界一流企业往往一方面培育和形成了独特的核心能力，另一方面又通过更为高阶的动态能力克服"核心刚性"。穿越周期的动态能力意味着世界一流企业表现出优异的吸收能力、整合能力和创新能力（Wang 和 Ahmed，2007），或者突出的洞察机会能力、捕获机会能力和变革更新能力（刘智勇和姜彦福，2009），形成相对其他企业更为领先的互补性知识与技能组合。

四是共生共益的生态系统。随着新一轮产业革命和科技革命的出现，尤其是数字经济时代的到来，企业价值创造方式由价值链、价值网、价值星系转向价值生态系统的趋势越发明显，相应地，企业竞争方式也越来越由个体竞争、价值链竞争转向生态系统竞争（肖红军，2015）。顺应这一趋势，世界一流企业普遍都高度重视构建、维系、更新和升级企业生态系统，依靠生态系统竞争模式和价值生态系统模式打造系统性的竞争优势。一方面，世界一流企业往往会基于某项核心技术或产品进行生态系统布局，将价值链不同环节成员、其他利益相关方和外部环境纳入整个生态系统，构建由骨干型企业、主宰型企业、缝隙型企业构成的商业生态系统和技术生态系统，最终形成多主体、多层次、多功能、复杂的企业生态系统。另一方面，世界一流企业作为核心生态位成员的核心企业，通常会基于互惠共生的理念建立企业生态系统的运行规则和治理规则，推动不同生态位成员开展有效的自治、互治和共治，使企业生态系统能够良性地自组织、自调节和自进化。

五是独特优秀的文化基因。企业文化是企业重要的战略资源和精神财富，对企业发展和员工行为具有导向指引功能、凝聚整合功能、激励约束功能、纠偏矫正功能和辐射品牌功能，在底层上成为企业核心竞争力和可持续发展能力的重要构成元素。世界一流企业的内生性发展动力和强劲的发展韧性很大程度上归咎于其拥有的独特优秀的文化基因，这一深深根植于企业心智的文化成为引领世界一流企业成长的"无形之手"。世界一流企业的文化基因一方面通常符合甚至引领时代的精神思潮，是社会所倡导和崇尚的优秀文化，具有普适性、健康性和前瞻性，另一方面往往嵌入于特定的地域文化、制度环境和行业属性，汲取其中的关键文化元素，表现出特色性、代表性和根植性。文化基因意味着世界一流企业的文化是长期累积形成的，深深地浸润于员工心智，统一于物质、制度、精神三个层面，对外展现于员工和企业的行为之中。世界一流企业不仅强调对文化基因中最核心部分的传承，确保企业精神的延续，而且也会与时俱进地对企业文化进行更新和发展，确保对时代的方向引领。

二 世界一流企业指标体系构建

（一）世界一流企业指标体系的构建原则

《关于加快建设世界一流企业的指导意见》指出，世界一流企业应"在全面建设社会主义现代化国家、实现第二个百年奋斗目标进程中实现更大发展、发挥更大作用"。从国家对世界一流企业的自身发展定位和战略作用要求出发，世界一流企业既需要坚持问题导向和目标导向，更需要坚持国家战略导向和引领示范导向。由此出发，世界一流企业指标体系也应当相应具有两个方面重要功能，一是系统评价，二是对标引导。具体而言，该指标体系不但应能用于科学分析世界一流企业自身发展水平和相对竞争地位，由此实现对世界一流企业综合实力的系统评价；而且应能用于广大企业对标既有世界一流企业，明确自身在特定维度的差距，优化发展方向、提升发展效率，进而最终成长为世界一流企业，支撑全面建设社会主义现代化国家。

针对上述功能需求，世界一流企业指标体系构建既要注重全面、准确地揭示世界一流企业的结构化特点和总体性特点，也要注重对企业对标发展和动态成长的指导意义，还要注重包容世界一流企业以及企业发展成长过程中可能存在的行业间差异。为此，世界一流企业指标体系的构建应基于五条基本原则：一是平衡指标体系的显示性与分析性，二是平衡指标体系的系统性与显示性，三是平衡指标体系的理论性与可行性，四是平衡指标体系的跨行业通用性和行业特异性；五是平衡指标体系的横向比较价值和动态成长价值。

1. 平衡指标体系的显示性与分析性

平衡指标体系的显示性与分析性，要求新构建的指标体系既要包括反映世界一流企业当前表现的显示性指标，也要包括决定世界一流企业发展水平的分析性指标。一方面，如果指标体系无法精准体现世界一流企业的典型要素、总结现有世界一流企业的当前表现（显示性指标），这一指标体系显然是缺少内部效度的。另一方面，评价世界一流企业的最终目的，是服务中国企业对标既有世界一流企业、建设世界一流企业的管理实践。如果指标体系缺少针对中国企业的问题意识，停留于展示现有一流企业的绩效表现，而忽略了使一流企业达到现有表现的决定因素（分析性指标），就无法为中国企业面向建设世界一流企业目标的对标活动提供指引。

2. 平衡指标体系的系统性与代表性

平衡指标体系的系统性与代表性，要求新构建的指标体系既要全面系统地反映世界一流企业的多维度特征，也要有所取舍地选择最简明清晰地反映世界一流企业发展水平变动的代表性维度。一方面,系统性意味着指标体系的整体功能(即一级指标)设计应当尽可能全面覆盖世界一流企业现象的多个维度和不同层次,并注重不同层次结构上指标的合理、完整。另一方面,系统性并不意味着指标数量的庞大,而应筛选出代表性、敏感性指标,以提高指标体系评价世界一流体系的运作效率。具体的,在一级指标层次,应注重指标整体框架与"世界一流企业"主题的高相关性;在较高级指标层次,应注重各指标的独立性,减少不同指标之间含义的重叠性;在较低级指标层次,应注重各指标之间的相互联系、相互补充。

3. 平衡指标体系的理论性与可行性

平衡指标体系的理论性与可行性,要求新构建的指标体系既要将指标设计建立在现有世界一流企业研究成果之上,也要兼顾各指标在操作中的数据可得性。一方面,指标体系应当结合理论研究成果,基于世界一流企业与相关指标之间的关系(包括关系的显著性和关系的相对强弱),合理设置指标内容以"契合理论",合理设置指标层次以突出关键指标,合理设置指标数量以确保在不遗漏关键指标的同时,排除重要性不高或内涵高度重叠的指标。另一方面,指标体系应当兼顾数据可得性和可比性。首先,多数指标应具备稳定的数据来源(如企业年报数据、公开统计数据)和明确的统计方法。其次,如果部分指标无法从公开资料获取数据,应确保指标内涵清晰,能够通过变量和调查设计从企业处收集数据。最后,指标应具备可比性,同一指标应满足个体上的横向可比性和时间上的纵向连贯性。

4. 平衡指标体系的跨行业通用性和行业特异性

平衡指标体系的跨行业通用性和行业特异性，要求新构建的指标体系既包括大量普遍适用于各类行业的通用指标，也能包容反映不同行业一流企业差异的行业特性指标。一方面，世界一流企业有其共性特征，企业发展与成长也存在共性规律，指标体系应当通过设计恰当的共性指标，反映这些特征与规律。另一方面，不同行业的情境差异决定了，各行业内世界一流企业的优秀表现和发展历程也会存在差异性。例如，降低碳排放已经成为各国发展共识，世界一流企业在低碳、减排方面的行动和成绩将对企业的长期竞争力提供重要支撑。然而，各行业产业与服务的技术特征差异意味着，不同行业内企业低碳发展的关键要素存在差异。在此背景下，指标体系需要针对低碳发展设置行业特性指标，以反映该维度下的行业特异性。

5. 平衡指标体系的横向比较价值和动态成长价值

平衡指标体系的横向比较价值和动态成长价值，要求新构建的指标体系既能够展现当前状况下企业发展水平的横向比较情况，也能在一定程度上展现企业在未来一段时间的动态成长潜力。一方面，世界一流企业之间、世界一流企业和非世界一流企业之间存在多维度差距，揭示这些企业在当前时间点静态的横向差距是指标体系的重要内容。另一方面，企业在特定时间点的静态绩效是此前管理实践带来的增长结果，未来短中期内的静态绩效又是由当前管理实践带来的增长所决定的。指标体系应当能够捕捉现期企业内部管理和成长的相关维度，由此展现世界一流企业未来成长的动态潜力。

(二) 世界一流企业指标体系的现有研究

尽管"世界一流企业"这一带有政策性的概念近年来才在中国情境下提出,但类似的学术性概念(如"卓越企业""长青企业""世界级企业"等)在管理学研究中早已有之。目前,有关此类企业评价的相关研究尽管在概念使用、维度划分上尚未达成共识,但在指标选择上出现了一定的收敛性。总体来看,现有研究的世界一流企业评价指标选择的视角主要分为三类:第一类偏重绩效表现类指标,第二类偏重经营行为类指标,第三类则采取二者兼顾的综合视角。

1. 以绩效表现为主的指标体系

早期对世界级企业的评价侧重于直接反映企业当期经营绩效的财务指标。《财富》杂志等国际机构长期发布企业排行榜,尽管标准不同,但均以财务指标作为排序依据。然后,仅以财务指标评价世界一流企业显然不够全面,目前很多评价指标开始关注财务指标之外的其他绩效指标。《财富》"世界500强"评价体系目前不仅包含企业销售收入这样的财务指标,而且包括企业创新能力、产品开发和服务质量、管理水平、社会责任、人才吸引力、国际化战略成效等非财务绩效指标。就学术研究者而言,不少研究也从多个维度提出了以绩效评价世界级企业的指标。金碚(2003)构建了16个绩效指标组成的企业竞争力评价体系。谢康(2004)将效率作为核心指标,加入经营管理、制度环境、资本市场和国际化等起到补充作用的关键指标，构建了企业国际竞争力的评价指标体系。Ferreira（2012）专注于生产制造环节，提出世界级制造企业应具备三个维度的绩效特征，即财务绩效、产品质量、生产过程可靠性。胡鞍钢等（2013）将企业发展的规模、效益、创新、绿色、和谐作为一级指标，构建了国有企业竞争力的评价体系。李珮璘（2015）选取规模优势、行业分布、经营效率、要素控制、跨国程度五个维度，评价中外跨国公司国际竞争力的相对水平。Song等（2019）提出了世界一流企业评价体系的五个维度，包括企业规模、业务绩效、行业地位、增长潜力和国际影响力。崔新健和欧阳慧敏（2020）选择从规模、效益、创新、国际化、品牌五个维度考察中国建设世界一流企业的进展情况（见表2-1）。

表2-1 以绩效表现为主要指标的世界一流企业指标体系

来源	一级指标	二级指标	三级指标
金碚（2003）	规模	销售收入	
	业务增长	近3年销售收入年平均增长率	
	盈利水平	利润总额	
	持续盈利能力	近3年利润总额年平均增长率	
	资本实力	净资产	
	资本盈利和增值能力	净资产利润率	
	资金利用效率	总资产贡献率	
	劳动效率	全员劳动生产率（或劳动效率）	
	价值创造能力	总收益率	
	出口竞争力	出口收入占销售收入的比重	
	技术实力	近三年技改与信息化投资强度	

续表

来源	一级指标	二级指标	三级指标
金碚 (2003)	潜在的技术竞争力	研发投入强度	
	自主知识产权	拥有专利数	
	品牌影响力	公众评价（人气指数）	
	企业家及管理水平	财经记者评价	
	资本市场表现	行业分析师评价	
谢康 (2004)	效率	生产要素生产率	
		经济增长率	
		边际收益率	
	经营管理	科技创新	
		成本核算	
		市场结构	
		品牌与信用	
		生产规模	
	制度环境	公司治理结构	
		企业文化	
		赋税能力	
		投资环境评估	
		社会责任	
	资本市场	市场规模	
		市盈率	
		每股收益	
		净资产倍率	
		净现值	
	国际化	国外销售额	
		国外净资产值	
		国外员工人数	
		国外利润额	
		出口额	
		流入资本额	
		吸收外资—对外投资—投资比率	

续表

来源	一级指标	二级指标	三级指标
Ferreira（2012）	财务绩效		
	产品质量		
	生产过程可靠性		
胡鞍钢等（2013）	规模	营业收入	
		资产总额	
	效益	行业集中度	
		利润率	
	创新	R&D 支出强度	
		海外资产占比	
	绿色	单位二氧化碳排放增加值	
		单位能耗增加值	
	和谐	公共财政贡献率	
		就业人数	
李珮璘（2015）	规模优势	500 强上榜企业数量	
		营业收入占比	
		利润规模占比	
		雇员规模	
	行业分布	不同行业上榜企业数	
	经营效率	营业收入	
		利润	
		人均营业收入	
		人均利润	
		净利率	
		资产收益率	

续表

来源	一级指标	二级指标	三级指标
李珮璘（2015）	要素控制	技术实力	
		品牌控制	
	跨国程度	跨国指数	
Song等（2019）	企业规模	营业收入	
		总资产	
	业务绩效	盈利	利润总额
			总资产收益率
		经营效率	成本利润率
		风险控制水平	资产负债率
	行业地位	市场地位	市场份额
	增长潜力	创新能力	技术投入率
		可持续增长能力	销售收入增长率
	国际影响力	国际化水平	海外资产比例
		品牌形象	Interbrand排名
崔新健和欧阳慧敏（2020）	规模		
	效益		
	创新		
	国际化		
	品牌		

资料来源：笔者整理。

2. 以经营活动为主的指标体系

Peters等人（1983）研究宝洁、通用等卓越企业的成功经验，提出美国的卓越企业包括注重行动、亲近客户、自主创新、价值引导、以人助产、重视主业、框架简单、宽严有度八个方面要素。《哈佛商业评论》提出了世界级企业的八大行为准则，包括信用原则、财务原则、可靠性原则、透明原则、尊严原则、公正原则、公民原则、反映性原则。吕源和蓝海林（2000）基于文献研究和对珠三角企业的实际考察，提出中国未来的世界级企业在战略、经营等方面的七个主要特征，即追求相对规模（而不是通过高度多元化追求绝对规模）、关注产品质量与性能（而不是过分依靠低成本战略或长期生产低质产品）、参与全球竞争（而不是停留在中国市场内部竞争）、按照世界通行标准运作（而不是依靠政府扶持开展竞争）、跨国界和跨文化管理、具有高度柔性、善于取舍和保持核心专长。Hofman（2006）提出，应从企业的产品、服务、成本、对市场变化的反应能力、组织协调能力、社会责任六个方面评价世界级企业。蓝海林（2008）通过对中集、格兰仕、大族激光、东菱凯琴等企业的研究，指出了世界级企业在成长过程中应具有成本管理、治理结构、融资能力、网点分布、采购成本、全球营销、并购整合七个方面的优势特征。Haleem 等（2012）使用内部客户满意度、员工健康管理、信息系统应用、高层管理、节能减排、计算机集成制造系统、质量指标，评价制造业企业的发展水平。德勤华永会计师事务所（2013）在企业绩效维度之外，特别注重对世界一流企业关键管理经验的总结与评价，将其归纳为战略、领导力、治理、运营控制、国际化、人力资本、创新、品牌、客户黏性等维度。Lee 等（2018）则提出制造业企业未来可持续发展和提高竞争力的六个关键的行为和能力指标，即设计驱动的创新、价值主张、集成、生产和市场资源、知识能力、资金支持。张振刚等（2020）通过对大众和华为的案例分析，认为世界一流企业指标为先进理念、健全管理、杰出人才、卓越创造、领先能力（见表2-2）。

表2-2 以经营行为为主要指标的世界一流企业指标体系

来源	一级指标
Peters等（1983）	注重行动
	亲近客户
	自主创新
	价值引导
	以人助产
	重视主业
	框架简单
	宽严有度
《哈佛商业评论》	信用原则
	财务原则
	可靠性原则
	透明原则
	尊严原则
	公正原则
	公民原则
	反映性原则
吕源和蓝海林（2000）	追求相对规模
	关注产品质量与性能
	参与全球竞争
	按照世界通行标准运作
	跨国界和跨文化管理
	具有高度柔性
	善于取舍和保持核心专长

续表

来源	一级指标
Hofman（2006）	产品
	服务
	成本
	对市场变化的反应能力
	组织协调能力
	社会责任
蓝海林（2008）	成本管理
	治理结构
	融资能力
	网点分布
	采购成本
	全球营销
	并购整合
Haleem 等（2012）	内部客户满意度
	员工健康管理
	信息系统应用
	高层管理
	节能减排
	计算机集成制造系统
	质量指标
德勤华永会计师事务所（2013）	战略
	领导力
	治理
	运营控制
	国际化

续表

来源	一级指标
德勤华永会计师事务所（2013）	人力资本
	创新
	品牌
	客户黏性
Lee 等（2018）	设计驱动的创新
	价值主张
	集成
	生产和市场资源
	知识能力
	资金支持
张振刚等（2020）	先进理念
	健全管理
	杰出人才
	卓越创造
	领先能力

资料来源：笔者整理。

3. 兼顾绩效表现和经营行为的指标体系

胡华夏和喻辉（2005）构建的企业国际竞争力评价体系，既包括企业规模、产品竞争力、获利能力、社会效益、财务状况、国际化水平等绩效表现类要素，也包括组织管理、研究与开发等经营活动类要素。李泊溪（2012）提出世界一流企业的判别标准应包括五个方面，即国际影响力、公司治理、全球性品牌、行业领先地位、创建商业模式。张文魁（2012）提出，世界一流企业要素可分为竞争、市场份额、价值、产业（事业、社会贡献）、品牌、人才、管理机制、企业文化共八个方面。麦肯锡（2012）将世界一流企业的要素分为业绩要素和健康要素两大类，在业绩要素下强调价值创造力、市场领导力、全球影响力、资源运筹力、产品创新力、环境持续力，在健康要素下强调战略方向、协调和控制等要素对世界一流企业的重要作用。黄群慧等（2017）通过研究壳牌、丰田、GE等世界一流企业的成长历程，总结出世界一流企业的关键要素包括资源基础、动态能力、战略柔性、价值导向（见表2-3）。

表2-3 兼顾绩效表现和经营行为的世界一流企业指标体系

来源	一级指标	二级指标
胡华夏和喻辉（2005）	企业规模	职工总数
		资产总额
		固定资产投资总额
	产品竞争力	产品合格率
		产品质量价格比
		单位物耗率
		单位产品综合能耗率
		市场占有率
	获利能力	资金利税率
		资本利润率
		资本周转率
		资本增值率
		销售利税率

续表

来源	一级指标	二级指标
胡华夏和喻辉（2005）	社会效益	社会贡献率
		环境保护指数
		合同履约率
		贷款履约率
	财务状况	资产负债率
		长期负债率
		现金净流量比率
	国际化水平	企业境外公司数
		企业境外公司职员数占总人数的比重
		企业境外利润占总利润的比例
	组织管理	经营管理水平
		企业家素质
		营销管理能力
		职工教育技术培训费用占销售额的比重
		职工中大学生所占的比重
		管理人员中管理专业大学生所占的比重
		应用经济信息的总量指标
		经济信息的经济效益综合指标
	研究与开发	科技开发经费占销售额的比重
		职工中科技开发人员所占的比重
		新产品替代率与开发率
		新产品投产率
		新产品产值率
		技术进步项目收益率

续表

来源	一级指标	二级指标
李泊溪 (2012)	国际影响力	跨国化指数
		国际社会赞赏
	公司治理	"金字塔"控股
		"环形"财团
		一体化模式
		供应链关系
	全球性品牌	企业品牌价值
	行业领先地位	市场占有率
		行业示范
	创建商业模式	颠覆与重构世界技术
		生产、服务及其组织模式
张文魁 (2012)	竞争	
	市场份额	
	价值	
	产业	
	品牌	
	人才	
	管理机制	
	企业文化	
麦肯锡 (2012)	业绩要素	价值创造力
		市场领导力
		全球影响力
		资源运筹力
		产品创新力
		环境持续力

续表

来源	一级指标	二级指标
麦肯锡 （2012）	健康要素	战略方向
		职责
		协调和控制
		外部导向
		领导力
		创新和学习
		能力
		激励
		文化和氛围
黄群慧等 （2017）	资源基础	企业家
		核心产品
		财务资本
		人力资源
	动态能力	管理创新
		组织创新
		技术创新
		公司治理
	战略柔性	战略定位
		战略规划
		业务转型
		国际化战略
	价值导向	企业家精神
		品牌价值
		组织文化
		社会责任

资料来源：笔者整理。

（三）世界一流企业指标体系的再构建与解析

1. 世界一流企业指标体系的框架

从《关于加快建设世界一流企业的指导意见》提出的世界一流企业"产品卓越、品牌卓著、创新领先、治理现代"的16字标准出发，借鉴现有研究就"卓越企业""长青企业""世界级企业""世界一流企业"等相关概念提出的评价指标，遵循前述的指标体系构建原则，选择从绩效、产品、品牌、标准、治理、国际化六个维度，构建指标体系的整体框架（即一级指标）。这六个维度既反映了国家对世界一流企业的发展要求，也包括了既有研究提出的必要的绩效指标和国际化指标，有利于揭示世界一流企业的内在逻辑。

世界一流企业具有六个方面的特征，其中四个指标属于显示性指标，用于总结现有世界一流企业的经营成果表现；两个指标属于分析性指标，用于揭示一流企业得以实现优异经营成果表现的决定性因素。具体的，四个显示性指标包括：（1）绩效：绩效是企业运营情况和运营效率在企业整体层面综合实力最重要的显示性指标；（2）产品：主要产品质量优异、功能新颖、竞争力强是企业在产品层面经营成果的显示性指标，也是企业整体层面经营业绩持续、稳定增长的基础；（3）品牌：拥有世界级品牌是企业影响力的显示性指标，也是企业无形资产和溢价能力的显示性指标；（4）国际化：企业达到世界一流水平时，其产品常远销世界各国，并且能够利用全球创新资源来进一步提高创新能力、增强竞争力；因此企业在国际市场和国际竞争格局中不断提升的影响力是企业竞争力的重要显示性指标。两个分析性指标包括（1）创新：创新是企业进步、长期保持竞争优势的重要原因；（2）治理：实现现代化治理、优化内部管理、承担社会责任是企业通过管理实践、保持持续领先的微观基础（见图2-1）。

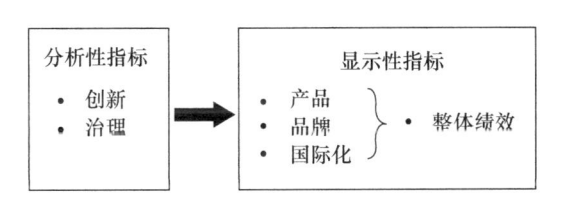

图2-1 指标体系一级指标的逻辑一致性

2. 世界一流企业指标体系的解析

在指标体系整体框架（一级指标）的基础上，以相近的颗粒度对一级指标进行拆解，并在各个一级指标的拆解过程中注重贯彻平衡显示性与分析性、平衡系统性与显示性、平衡理论性与可行性、平衡跨行业通用性和行业特异性、平衡横向比较价值和动态成长价值的原则，形成了如表2-4所示的指标体系。

"绩效"一级指标被拆解为"经营规模""经营效率""企业成长"的二级指标；其中，"经营规模"和"经营效率"反映企业的当前绩效状态，"企业成长"反映企业的绩效变化趋势，从而平衡指标的横向比较价值和动态成长价值。具体地，"经营规模"包含"营业收入""净利润""净资产"三个三级指标，以近三年的数据来描述企业的规模、盈利能力、债务的绝对规模；"经营效率"包含"全员劳动生产率""人均利润率""人均营业收入""净资产收益率"四个三级指标，从单位员工和单位资本等角度计算企业的劳动和资本效率；"企业成长"包含"营业收入增长率""净利润增长率""市值增长率"这三个三级指标，通过三个关键口径判断企业的短期增长趋势。

"产品"一级指标被拆解为"产品/服务质量""产品/服务创新""产品/服务竞争力"的二级指标。其中，"产品/服务质量"反映了企业当前技术能力在行业中的位置，由三级指标"行业中的关键质量指标"来具体衡量，以包容不同行业产品质量指标的差异性；"产品/服务创新"是企业现有竞争力的源泉，也是企业未来竞争力的保障，由"全球首创技术、管理或商业模式""研发投入强度""国际发明专利保有量""国际发明专利申请量"这四个三级指标构成，分别反映了企业的自主创新能力、创新动力和由技术能力构建的竞争优势，而后者正是企业战略地位的重要表现；"产品/服务竞争力"直接从市场占有率的视角对企业产品的竞争力进行结果评价，并分为"市场占有率"和"市场占有率增长率"两个三级指标，对当前情况和未来趋势分别加以衡量。

"品牌"一级指标被拆解为"品牌影响力"和"品牌价值"的二级指标。其中，"品牌影响力"是品牌当前竞争力的刻画，进一步分为"品牌忠诚度""品牌领导力""品牌市场占有率"这三个三级指标；"品牌价值"则反映了品牌给企业带来的盈利能力，细分为"品牌价值""品牌强度""品牌稳定性"这三个三级指标。

"标准"一级指标被拆解为"标准化管理""标准制定""标准治理"的二级指标。其中，"标准化管理"反映了企业组织机构的领先程度，细分为"标准化管理活动成熟度"和"标准化管理机构成熟度"这两个三级指标；"标准制定"反映了企业引领产业技术发展和制定产业技术标准的能力，细分为"国际标准总数""国际标准新增数""国际标准制定重要性"等包含存量、增量和价值三个方面的三级指标；"标准治理"反映了企业在国际标准组织中的话语权，细分为"国际标准组织席位数""国际标准组织参与度""国际标准组织影响力"这三个三级指标。

"治理"一级指标被拆解为"公司治理""内部管理""社会责任""低碳发展"的二级指标。其中，"公司治理"反映了公司法人的治理能力，细分为"法人治理结构"和"法人治理水平"两个三级指标；"内部管理"反映了企业对变化、风险和科技变革的调整能力，从而刻画企业未来的发展前景，细分为"战略管理""组织管理""风险管理""数字化管理"这四个三级指标；"社会责任"是企业形象的重要影响因素，对大企业的平稳发展而言尤为重要，细分为"社会责任治理体系""安全合规水平""资产纳税率""社会公益"这四个三级指标；"低碳发展"反映了企业能源结构转型的能力，既是企业降低成本、提高竞争力的重要方面，是企业应对前沿变革能力的反映，也是企业承担社会责任的新增组成部分，细分为"低碳发展关键指标""单位产值能耗""单位产值能耗下降率"等静态和动态指标。

"国际化"一级指标被拆解为"国际化深度""国际化广度""国际化安全"的二级指标。其中，"国际化深度"反映了企业海外发展的比例，细分为"海外资产占比""海外利润占比""海外营业收入占比""海外员工总数占比"这四个三级指标;"国际化广度"反映了企业对全球生产和创新资源的利用情况,细分为"海外生产机构数量""海外子公司数量""海外研发机构数量"这三个三级指标;"国际化安全"反映了企业在全球视野下的技术引领能力,是企业国际战略价值的突出体现,细分为"技术控制力""供应控制力"和"协同创新组织力"这三个三级指标。

表2-4　　　　　　　　世界一流企业指标体系

一级指标	二级指标	三级指标	通用指标	行业特色指标
绩效	经营规模	营业收入:过去三年营业收入平均值	√	
		净利润:过去三年净利润平均值	√	
		净资产:过去三年净资产平均值	√	
	经营效率	全员劳动生产率:过去三年全员劳动生产率平均值	√	
		人均利润率(或净利润率):过去三年人均利润率(或净利润率)平均值	√	
		人均营业收入:过去三年人均营业收入平均值	√	
		净资产收益率:过去三年净资产收益率平均值	√	
	企业成长	营业收入增长率:过去三年营业收入增长率的平均值	√	
		净利润增长率:过去三年净利润增长率的平均值	√	
		市值增长率:过去三年市值增长率的平均值	√	

续表

一级指标	二级指标	三级指标	通用指标	行业特色指标
产品	产品/服务质量	产品/服务质量：标志性产品或服务在行业中的关键质量指标		√
	产品/服务创新	全球首创技术、管理或商业模式：是否拥有全球首创的关键核心技术、新兴技术、颠覆性技术、管理理论或商业模式，以及全球首创的关键核心技术、新兴技术、颠覆性技术、管理理论或商业模式的影响力		√
		研发投入强度：过去三年研发强度平均值	√	
		国际发明专利保有量：国际PCT专利保有量	√	
		国际发明专利申请量：过去三年国际PCT专利申请数平均值	√	
	产品/服务竞争力	市场占有率：过去三年全球市场占有率平均值	√	
		市场占有率增长率：过去三年全球市场占有率增长率平均值	√	
品牌	品牌影响力	品牌忠诚度：按照世界品牌实验室排名	√	
		品牌领导力：按照世界品牌实验室排名	√	
		品牌市场占有率：在品牌所属产品/服务市场中的全球市场占有率	√	
	品牌价值	品牌价值：过去三年企业品牌价值估值的平均值，按照凯度BrandZ最具价值全球品牌排名	√	
		品牌强度：品牌的长期收益能力，按照GY-Brand排名	√	
		品牌稳定性：品牌持续进入全球重要品牌排名榜，以及排名位置的稳定性	√	
标准	标准化管理	标准化管理活动成熟度：标准制定和管理流程的完善程度	√	
		标准化管理机构成熟度：标准化管理内部机构的完善程度	√	

续表

一级指标	二级指标	三级指标	通用指标	行业特色指标
标准	标准制定	国际标准总数：累计主导制定的国际标准数量	√	
		国际标准新增数：过去三年主导制定的国际标准数量的平均值	√	
		国际标准制定重要性：主导制定的国际标准对主营业务行业发展的重要性	√	
	标准治理	国际标准组织席位数：过去三年在主导行业关键国际标准组织中占有的关键席位平均值		√
		国际标准组织参与度：在主导行业关键国际标准组织中的参与水平		√
		国际标准组织影响力：在主导行业关键国际标准组织中的影响力		√
治理	公司治理	法人治理结构：公司法人治理结构的完善程度	√	
		法人治理水平：法人治理体系是否协调运转、有效制衡	√	
	内部管理	战略管理：主业集中度（过去三年主营业务收入占收入比重的平均值）	√	
		组织管理：组织结构和流程的完善程度与精益水平	√	
		风险管理：风险管理体系的完善程度	√	
		数字化管理：企业全流程管理的数字化水平	√	
	社会责任	社会责任治理体系：社会责任治理体系的完善程度	√	
		安全合规水平：过去三年违法违规违纪行为发生次数平均值	√	
		资产纳税率：过去三年资产纳税率平均值	√	

续表

一级指标	二级指标	三级指标	通用指标	行业特色指标
治理	社会责任	社会公益：过去三年参与慈善捐赠和社会公益项目数量的平均值	√	
	低碳发展	行业中的低碳发展关键指标		√
		单位产值能耗：过去三年单位产值能耗平均值	√	
		单位产值能耗下降率：过去三年单位产值能耗下降率平均值	√	
国际化	国际化深度	海外资产占比：过去三年海外资产占公司总资产比重的平均值	√	
		海外利润占比：过去三年海外利润占公司利润比重的平均值	√	
		海外营业收入占比：过去三年海外营业收入占公司营业收入比重的平均值	√	
		海外员工总数占比：过去三年海外员工占公司员工总数的平均值	√	
	国际化广度	海外生产机构数量：过去三年海外生产机构数量的平均值	√	
		海外子公司数量：过去三年海外子公司数量的平均值	√	
		海外研发机构数量：过去三年海外研发机构数量的平均值	√	
	国际化安全	技术控制力：对主导产业内全球技术生态的控制力	√	
		供应控制力：对全球供应链关键环节的控制力	√	
		协同创新组织力：组织全球产业协同创新的能力	√	

三 典型行业世界一流企业的比较分析

为了探究中国世界一流企业与国外世界一流企业的成长情况,本章基于前述构建的世界一流企业六维指标体系,选择集成电路产业、互联网产业和能源产业的六家企业进行了对标研究。

(一)集成电路产业典型企业比较分析

集成电路产业是数字经济的基础产业,是构筑中国经济未来竞争新优势的基础力量来源之一,也是当前科技竞争和经济竞争的焦点之一。与一般行业制造环节居于微笑曲线的下半部分不同,集成电路产业的制造环节至关重要,其不仅具有较高的附加值,更是牵引全产业链上下游的核心环节。在数字经济时代快速发展和中美竞争不断升级的现实背景下,分析中国集成电路产业制造环节一流企业的水平,对于进一步提升产业竞争力、深化产业安全和经济安全具有重要意义。

1. 典型企业总体情况

从全球范围来看，集成电路制造环节的领先企业主要有 IDM 的垂直整合模式和代工模式两种形式，英特尔是前者的代表，但当前主流模式为专业代工，尤其是以先进制程和特色工艺相结合的代工模式，成为集成电路产业的重要影响力量，典型企业有台积电、三星、联电、中芯国际等，其中，台积电是全球最为领先也是规模最大的集成电路代工企业，中芯国际排其后。为此，围绕集成电路制造领域，本章选择以中芯国际和台积电为研究对象，比较其在世界一流企业各个维度上的差异，以期为中国集成电路制造领域的赶超提供一个新的视角。

中芯国际成立于 2000 年，总部位于上海市浦东新区，是全球领先的集成电路晶圆代工企业之一，也是中国技术先进、规模大、配套服务完善、跨国经营的专业晶圆代工企业，主要为客户提供 0.35 微米至 14 纳米多种技术节点、不同工艺平台的集成电路晶圆代工及配套服务。在逻辑工艺领域，中芯国际实现 14 纳米 FinFET 量产的晶圆代工，代表中国自主研发集成电路制造技术的先进水平；在特色工艺领域，中芯国际陆续推出 24 纳米 NAND、40 纳米高性能图像传感器等特色工艺。除集成电路晶圆代工业务外，中芯国际亦通过平台式的生态服务模式，为客户提供设计服务与 IP 支持、光掩膜制造、凸块加工及测试等一站式配套服务，并促进集成电路产业链的上下游合作，与产业链各环节的合作伙伴 同为客户提供全方位的集成电路解决方案。中芯国际在国内拥有 4 家晶圆厂，分别是上海和北京的 12 英寸晶圆厂（上海晶圆厂含 8 英寸工艺线），以及深圳和天津的 8 英寸晶圆厂。2021年，生产晶圆675.48万片（8英寸当量），较2021年增长19.3%。

台湾积体电路制造股份有限公司于1987年成立，其开创了集成电路的代工业务模式。台积电为535家客户提供服务，并为各种应用制造了超过12302种产品，涵盖智能手机、高性能等各种终端市场计算、物联网（IoT）、汽车和数字消费电子产品。2021年，台积电及其子公司管理的制造设施年产能超过1300万片（12英寸当量）。主要生产设施包括在台湾地区的4座12英寸晶圆厂、4座8英寸晶圆厂和1座6英寸晶圆厂，全资子公司台积电南京有限公司在南京的一座12英寸晶圆厂，全资子公司美国WaferTech和台积电（中国）有限公司的两座8英寸晶圆厂。2021年12月，台积电在日本熊本成立子公司日本先进半导体制造公司（JASM）用于将建造和运营一个12英寸晶圆厂，目标是在2024年年底开始生产。此外，公司在美国亚利桑那州建造先进半导体工厂，计划在2024年投产。

2. 分指标比较分析
（1）绩效指标比较分析

受近年来需求的强力牵引，集成电路制造环节迎来了良好的发展机遇。2001—2021年，全球半导体产业规模从1390亿美元快速增长至5558.9亿美元，年均增速7.18%，远超同期全球经济增速，也成为牵引全球经济数字化转型的重要力量。预计2022年将增长10.37%达到6135.2亿美元[1]。在此背景下，中芯国际营业收入从2019年的31.56亿美元增长至2021年的

---

[1] 数据来源：SIA（2022）。

55.89亿美元，增长77.09%；与之相对应的是，台积电营业收入从356.75亿美元增长至573.15亿美元，增长60.66%。然而，无论是规模、效率和成长性，中芯国际与台积电项目都存在较大的差距。

1）从规模来看，中芯国际的净资产、员工人数约为台积电的1/3，但营业收入和利润均不足台积电的1/10，中芯国际与台积电在产出规模上的差距远大于资产规模上的差距，企业的投入产出效率有待进一步提升。

2）从经营效率来看，2021年中芯国际的净资产收益率只有6.92%，约为台积电27.53%的1/4；人均营业收入为31.61万美元/人，不足台积电100.85万美元/人的1/3；人均净利润为9.94万美元/人，约为台积电37.63万美元/人的1/4。由于投入产出的效率的差距，中芯国际在经营效率方面与台积电也差距明显。

3）从成长性来看，由于基础相对较弱，中芯国际总体的成长速度超过台积电。2019—2021年，中芯国际营业收入增长了77.09%，同期台积电增长了60.66%；2019—2021年，中芯国际净利润从1.82亿美元增长到17.57亿美元，同期台积电从118.01亿美元增长到213.88亿美元，前者保持连续翻番的增长态势，台积电也保持2位数的增速；从市值来看，中芯国际2021年年底市值约为台积电的1/10，与其收入和利润的差距较为匹配，但市值增长率却表现出较大的差异，中芯国际2021年市值下降了3.81%，台积电增长了10.33%，反映了市场对企业成长价值的期望差异。

综上，绩效指标反映了中芯国际在规模、效率上较台积电有 3—10 倍的差距，但近年来表现出较高的增速，从趋势上具有追赶世界一流企业的良好态势。

（2）产品指标比较分析

产品是企业直接服务客户和满足市场需求的根本，也是体现企业市场竞争力的重要维度。中芯国际与台积电具有极为类似的商业模式，但在产品先进性、创新和竞争力方面尚存在较大的差距。

1）从产品/服务质量来看，按照摩尔定律 18 个月一代的周期，中芯国际落后台积电 4—5 代。中芯国际目前已实现 14 纳米量产，但从制程来看约为台积电 2015 年的水准；台积电则早在 2020 年就已经实现了 5 纳米制程的量产，目前已实现 4 纳米量产、3 纳米试产，预计 2023 年实现 2 纳米量产，是全球集成电路产业制造最先进制程的企业之一。

2）产品/服务创新来看，集成电路的复杂度和快速迭代周期要求企业不断加大创新投入以保证自身在技术和模式上的领先。中芯国际作为领先的晶圆代工企业，但在受美国全方位打压的背景下，技术升级明显受阻，但依托庞大的国内市场和政府的大力支持依然能够保持迅猛的增长态势；台积电把晶圆代工模式发展成为集成电路行业的主导模式，并通过与领先设备制造企业（尤其是阿斯麦）、微电子研究中心（如 IMEC）形成股权到业务的全方位合作，成为集成电路行业的核心领导者之一。创新投入方面，2021 年，中芯国际研发支出为 6.46 亿美元，强度达到 11.56%；同期台积电研发投入为 45.04 亿美元，强度为 7.86%。研发人员方面，2021 年，中芯国际有研发人员

1758人，台积电研发人员为7809人[①]，形成极为强大的研发团队。创新产出方面，中芯国际累计申请专利18074项，其中发明专利16207项，2021年申请发明专利662项；累计获得授权发明专利10698项，2021年获得授权发明专利672项。台积电在全球范围内超过71000项专利申请，2021年专利申请量超过8800项，是美国第三大专利申请人；有超过50000项授权专利，其中全球授权专利超过5100项，是美国第四大专利权人。且由于先发优势，台积电设置很高的"专利墙"以形成对后发者的有效狙击，台积电对中芯国际创始人张汝京以及中芯国际公司的多次诉讼即体现了其利用"专利墙"对中芯国际的强力狙击。

3）从产品/服务竞争力来看，集成电路产品的全球化和广泛使用性使得企业往往是在全球范围和重点企业之间展开竞争。中芯国际在全球晶圆代工中的市场份额持续提升，从2019年的5.44%增至2021年的6.13%，位列台积电、三星、联电、格芯之后；台积电牢牢掌握全球集成电路代工市场的绝对主导权，市场份额在60%以上。但是，从规模来看，中芯国际只有台积电约1/10的市场份额，且60%以上的客户为国内客户，在客户名单中缺乏足够的一流设计厂商。

综上，产品指标反映了中芯国际在产品上与台积电7年约4—5代的差距，研发投入和专利数量约为台积电的1/7，研发人员数也不足其1/4，市场份额约为其1/10，但一流客户明显不足，在迈向世界一流企业过程中，进一步提升其产品供给能

---

① 数据来源：台积电2021年ESG报告。

力和创新能力是中芯国际亟待解决的重要议题。

（3）品牌指标比较分析

集成电路作为工业中间品，其品牌认知主要来源于行业内的上下游企业。因此，在比较中芯国际和台积电的品牌影响力和价值方面，难以将其与一般意义上的消费品牌和大众品牌相比较，主要比较其在业内的口碑和信誉度。

1）品牌影响力方面，中芯国际和台积电对客户和供应商的影响力有较大的差距。从客户影响力来看，台积电采用完全代工、不自行设计的模式，成为赢得大量行业内优质客户的关键，例如苹果、高通、博通、英伟达、AMD、特斯拉等。中芯国际由于制程上相对于台积电、三星有较大差距，其在国外客户订单方面与台积电有较大的差距，但在当前美国打压中国集成电路行业的背景下，中芯国际对于保障国内芯片产业安全极端重要，其在国内客户的影响方面依然十分卓越。从供应商来看，台积电首创的代工模式以及其与设备厂商、研发机构等供应商长期稳定的合作关系，保证其成为最先进设备、最前沿技术的使用者，这也成为其维系竞争前沿优势的关键；与之形成鲜明对照的是，中芯国际从诞生之初就被美国以"瓦纳森协定"，台积电以"威胁者"的方式实施多种方式的遏制，中芯国际在领先设备、技术方面的获取面临较大的困难。

2）品牌价值方面，在 BRAND FINANCE 每年发布的科技前100（TECH 100）排名中，2021年，台积电位列第30位，较2020年的第41位快速上升，2022年更是上升至第26位。中芯国际未进入这一榜单。

综上所述，品牌指标反映了集成电路制造环节"强者恒强"的市场态势，中芯国际在业内客户和供应商方面的影响力有待进一步强化，以为其通过产业链供应链协同来获取知识、技术、设备等实现后发追赶。

（4）标准指标比较分析

标准化是应对复杂应用场景实现规模经济的必然选择，而制定标准和参与全球标准治理则是进一步提升企业在行业和全球竞争地位的必然选择。集成电路产业更是如此，领先企业的发展首先是通过标准化的运营管理提升企业效率，其次是积极参与全球标准的制定，并逐步提升其在全球标准中的话语权。

1）标准化管理方面，由于集成电路产品的广泛用途，其产品的标准化是其提供产品的基础，为此，中芯国际和台积电都将标准化管理作为维系其企业竞争力的重要驱动力量。中芯国际通过英国标准协会（BSI）以及和国际标准化组织（ISO）结盟的多个国际公认组织的审核，在质量、供应链指令、缺陷预防、职业健康安全管理、环境管理、温室气体测量、有害物质管理以及信息安全管理等方面通过 ISO 9001 质量管理体系、TL 9000 通信行业质量管理体系、IATF 16949 汽车行业质量管理体系等相关国际认证。台积电注重供应链信息安全标准化、生产设施场所作业安全标准化等，形成标准化的运营管理模式，这也是其快速新建晶圆厂的重要"诀窍"。

2）标准制订方面，除了企业自身的标准之外，企业也积极参与国际标准的制订。2021 年 1 月，华为、中芯国际等 90 家集成电路企业，提议成立了"全国集成电路标准化技术委员会"，以推动形成集成电路产业标准化的合力并提升中国集成电路产业在全球标准的话语权。台积电的行业领导地位，使得其成为集成电路行业国际标准的重要贡献者和创造者，例如，2021年，台积电发起并协助SEMI制定全球通用的《晶圆设备资安标准》，订定作业系统、网络安全、端点防护、安全监控与资安稽核四大范畴的通用规范，2021年12月于国际半导体展（SEMICON TAIWAN）正式公布；协助SEMI创立"SEMI资讯安全委员会"，由企业信息安全组织处处长屠震担任首届主席，与各大半导体相关企业及台湾资安业者共同解决产业的资安防护难题，提升整体资安防护水平①。

（5）治理指标比较分析

科学有效的公司治理是保证公司高效持续运营的基础，这要求企业不仅要提升内部治理水平和管理效能，也要关注利益相关方提升外部治理水平。

1）公司治理方面，中芯国际建立了完善的公司治理结构，董事会下设审计委员会、薪酬委员会、提名委员会和战略委员会，有11名董事，其中执行董事3人，非执行董事4人，独立非执行董事4人②。相较而言，台积电的公司治理结构更为国际化，董事会下设审计委员会和薪酬委员会，有10名董事，其中独立董事6人，独立董事中有4位来自于英国电信、赛灵思、应用材料、麻省理工学院等欧美企业和高校③，董事会构成更为多元。此外，台积电设立公司治理官，由副总裁兼总法律顾问负责，负责公司治理事务，包括处理董事会、审计委员会、

---

① 资料来源：台积电2021年ESG报告。
② 资料来源：中芯国际2021年ESG报告。
③ 资料来源：台积电网站，https：//investor.tsmc.com/schinese/committees#undefined。

薪酬委员会和股东大会的相关事宜，以符合法律规范、协助董事入职及继续教育、提供董事履行职责所需资料、协助董事遵守法律等。

2）内部管理方面，保持战略定力维持在主营业务领域的优势是建设世界一流企业的基础，且需要相对完善的组织管理、风险管理和数字管理能力方可保证企业战略目标的实现。战略方面，中芯国际 2021 年营业收入 356.3 亿元，其中主营业务收入 350.8 亿元，主营业务收入占比高达 98.46%，公司在晶圆制造及相关服务方面的主业突出；台积电 2021 年总营业收入 573.15 亿美元中，晶圆代工收入为 507.4 亿美元，占比 88.53%。组织管理方面，中芯国际和台积电都采取总公司+晶圆厂的二级管理模式，在有效发挥集团公司协同作用的同时，保持各个晶圆厂的独立高效运营。由于生产过程中的各种有害化学品类较多，二者都建立了相对完善的安全风险防控措施，尤其是中芯国际在面临美国打压的背景下自创立之初就将供应链风险管理置于极为重要的位置。数字化管理方面，由于晶圆制造过程中对超洁净环境的要求，晶圆厂都是高度自动化、智能化的，企业的数字化管理水平普遍较高。

3）社会责任方面，在近年来全球普遍推行的 ESG 理念下，大型企业对企业社会责任方面的认识和行动不断深化和提升，社会责任成为企业经营管理的重要内容之一。从企业纳税率来看，2021 年中芯国际和台积电的应缴税金率分别为 0.07% 和 2.11%，这主要是因为半导体企业尤其是先进半导体企业在税收方面享受政府的优惠政策。从公益性行动来看，2021 年，中芯国际持续实施"芯肝宝贝计划"、肝移植、人工耳蜗和先天性心脏病救助等医疗项目，社会捐款为912.5万元，员工志愿服务时数达到13049小时①。台积电2021年社会参与总投入50.92亿新台币（约合11.73亿元人民币），社会参与受益人数达到89.2万人次②。

4）低碳发展方面，考虑到晶圆制造过程的高能量、高精度、高苛刻环境要求，降低设备用电量不仅是推动低碳发展的重要途径，也是降低经营成本的重要来源。中芯国际依照国际标准ISO 14064，建立温室气体核查机制，每年定期核算运营厂区的温室气体排放量，掌握公司温室气体排放的状况，并有计划地实施减排措施。2014年年初，中芯国际成立节能委员会推动能源管理工作，联合首席执行官担任节能委员会主席。建立完善的能源管理制度，推行三级能源管理网，落实能源管理岗位责任制度，设立专职能源管理机构和专职管理人员从事能源管理工作，从制度上和组织建设上保障能源管理工作的实施。通过持续实施节能减排项目。2010—2021年，电能消耗强度（单位：千瓦时/8英寸晶圆当量光罩）从11.8下降到11.1，蒸汽消耗强度（单位：公斤/8英寸晶圆当量光罩）从5下降到0.9，天然气消耗强度（单位：公升/8英寸晶圆当量光罩）从157.6下降到73.8③。考虑到设备用电量占全公司能源使用的50%以上，台积电致力打造半导体绿色供应链，2020年提出平均设备节能效益20%的永续目标。2021年，台积电制订"新世代机台节能行动专案"，共提出365项节能行动方案，其中159

---

① 资料来源：中芯国际2021年ESG报告。
② 资料来源：台积电2021年ESG报告。
③ 资料来源：https://www.smics.com/site/care_gases 和中芯国际2021年ESG报告。

项节能方案已通过验证并应用于119种5纳米及未来的3纳米的先进制程机台；针对17种耗能组件，项目导入高效能零件与节能设计，成功省下4亿度年用电量①。此外，"新世代机台节能行动专案"每年举行逾百场讨论会，寻找机台节能的机会点与创新思维。针对耗电量前6大设备商，台积电深入参与先进机台模组设计的节能理念、给予执行方针，并通过定期召开技术精进会议反复验证绿色效益，并将节能规范纳入新机台采购标准规格，为全球第一家驱动设备商对先进机台导入节能措施的半导体企业。与台积电关注全供应链低碳化不同，中芯国际由于面临外部设备供应制约，对供应商的影响极为有限，未来在缓解设备供应困境的基础上，可进一步提升对供应链低碳发展的治理目标。

综上所述，治理指标方面，中芯国际建立了相对完善的内部治理和外部治理体系，能较好地满足股东和利益相关方的期望。

（6）国际化指标比较分析

集成电路产业是一个高度全球化的行业，极为复杂的全球产业分工和供应链网络形塑了其全球产业分工大格局。尽管中芯国际和台积电居于制造环节，但其发展依然是高度全球化的。

1）国际化深度方面，集成电路的全球大循环决定了制造企业也需要深度融入全球化，在全球范围内采购设备和原材料，并面向全球出售产品。采购方面，设备是制造厂最大的投资支出，主要也都来源于国际一流设备供应商，例如阿斯麦、应用材料、拉姆研究、科磊半导体、东京电子等。销售方面，2021

---

① 资料来源：台积电2021年ESG报告。

年，中芯国际的主要客户中，来自中国的客户收入为224亿元，来自北美洲、欧洲及亚洲的收入分别为224亿元、78亿元和48亿元，分别占主营业务收入的64%、22.29%和13.71%。相比较而言，台积电的全球化程度更高，北美、亚太、欧洲、中东及非洲、日本的客户在台积电营业收入中占比分别为65%、14%、10%、6%和5%[①]。

2）国际化广度方面，集成电路企业不仅在业务和机构设置上注重全球化运营，在人才、资本、知识、研发中心等方面均高度全球化。在业务机构上，中芯国际的主要业务集中在国内，中芯上海、中芯北京、中芯天津、中芯深圳、中芯北方、中芯南方等晶圆厂均在国内，但也在美国、日本、意大利等地设立销售中心。台积电不仅股东、董事会来源国际化，在业务发展方面也高度国际化，近年来在日本、美国新设立晶圆厂，并在北美、欧洲、日本、韩国等地均设有子公司或办事处。从知识来源看，IEDM2022年年会入选的224篇论文中，第一单位为台积电的论文有13篇，而中芯国际没有论文入选，反映了二者在融入全球知识网络中的差异。

3）国际化安全方面。从资本来源看，中芯国际的股东主要来源于大唐、鑫芯、大基金二期等，国有股东居于绝对控股地位，企业的资本来源国际化程度较低，但在一定程度上保证了企业的金融安全；与之形成鲜明对照的是，花旗、摩根、渣打等拥有台积电大量股票，台积电的主要控股股东来源于美国金融机构。从关键技术来源来看，受美国一系列针对中国的制裁政策来看，中芯国际面临设备、EDA软件以及美国等全方位的

---

① 资料来源：台积电2021年ESG报告。

限制，面临较高的外部风险；台积电作为一家全球性企业，可以整合利用全球范围内的各种资源，具有显著的优势。

综上所述，尽管都是全球化运营企业，但中芯国际的总体全球化水平相对较低，这一方面因为背靠中国庞大的市场需求，另一方面则是因为美国等西方国家对中国集成电路等高科技行业的限制性政策。但是，进一步主动融入、深度融入和全面融入全球化，是保障中芯国际以全球视野、国际标准和一流水准实现自身发展的基本前提（见表3-1）。

3. 总体评价分析

从世界一流企业的六大维度来看，中芯国际在产品、绩效、品牌等外显指标方面较台积电有较为明显的差距，但在标准化、治理和全球化等内隐指标表现相对较好。具体来看，中芯国际在规模、效率上较台积电有3—10倍的差距；在产品上与台积电有7年约4—5代的差距，研发投入和专利数量约为台积电的1/7，研发人员数也不足其1/4，市场份额约为其1/10；在业内客户和供应商方面的影响力有待进一步强化，一流客户明显不足；在导入和使用标准化方式运营管理方面取得显著成效，但在参与国际标准制订和全球标准治理方面有待进一步提升；建立了相对完善的内部治理和外部治理体系；中芯国际的总体全球化水平相对较低。

（二）互联网产业典型企业比较分析

1. 典型企业总体情况

本部分以互联网平台型企业亚马逊和阿里巴巴为例进行对

表 3-1　中芯国际和台积电的指标对比结果

一级指标	二级指标	三级指标	中芯国际（2021）	台积电（2021）
绩效	经营规模	营业收入（亿美元）	55.89	573.15
		净利润（亿美元）	17.57	213.88
		净资产（亿美元）	254.05	776.88
	经营效率	全员劳动生产率（人均营业收入，万美元/人）	31.61	100.85
		人均净利润（万美元/人）	9.94	37.63
		净资产收益率（净利润/净资产）（%）	6.92	27.53
	企业成长	营业收入增长率（%）	29.70	18.53
		净利润增长率（%）	178.58	15.98
		市值增长率（%）	-3.81	10.33
产品	产品/服务质量	产品/服务质量	14纳米量产，是最为先进的集成电路代工企业，约为台积电2015年的水准	已实现5纳米制程量产，预计2023年实现2纳米量产，是全球集成电路产业制造领域最先进的企业

续表

一级指标	二级指标	三级指标	中芯国际（2021）	台积电（2021）
产品	产品/服务创新	全球首创技术、管理或商业模式	领先的晶圆代工企业，但受美国全方位打压的背景下，技术升级明显受阻。但依托庞大的国内市场和政府的大力支持保持迅猛发展	把晶圆代工模式发展成为集成电路行业的主导模式，并通过授权业务到的设备制造企业形成股权的全方位合作，成为集成电路行业的领导者之一
		研发投入强度（%）	11.56	7.86
		发明专利申请数（件）	累计申请专利 18074 项，其中发明专利 16207 项；2021 年申请量为 664 项，其中发明专利 662 项	在全球范围内超过 71000 项专利申请，2021 年申请量超过 8800 项，是美国第三大专利申请人
		发明专利授权数（件）	累计获得授权专利 12561 项，其中发明专利 10698 项；2021 年获得授权专利数为 673 项，其二发明专利 672 项	超过 50000 项授权专利，其中全球授权专利超过 5100 项，是美国专利权人中拥有专利数量第四位的企业
	产品/服务竞争力	市场占有率（%）	6.13	61.3
		市场占有率增长率（%）	0.18	-1.92
	品牌影响力	品牌影响力	由于制程上相对于台积电、三星有较大差距，其在国外客户订单方面与台积电有较大的差距	台积电的完全代工不自行设计的模式，成为赢得大量行业内优质客户广的关键，例如苹果、高通、博通、英伟达、AMD、特斯拉等
品牌	品牌价值	品牌价值	中芯国际未进入这一榜单	在 BRAND FINANCE 每年发布的科技前 100（TECH 100）排名中，2021 年，台积电位列第 30 位，较 2020 年的第 41 位快速上升，2022 年更是上升至第 26 位

续表

一级指标	二级指标	三级指标	中芯国际（2021）	台积电（2021）
标准	标准化管理	标准化管理	通过英国标准协会（BSI）以及和国际标准化组织（ISO）结盟的多个国际公认组织的审核，在质量、供应链安全指令、缺陷预防、职业健康安全管理、环境管理、温室气体测量、有害物质管理以及信息安全管理等方面通过ISO 9000质量管理体系、TL 9000通信行业质量管理体系、IATF 16949汽车行业质量管理体系等相关国际认证	注重供应链信息安全标准化、生产设施所作业安全标准化等，形成标准化的运营管理模式
	标准制定	标准制定	2021年1月，中芯国际、华为等90家集成电路企业，提议成立了"全国集成电路标准化技术委员会"	2021年，台积电发起并协助SEMI制定全球通用的《晶圆设备备资安标准》
	标准治理	标准治理	—	—
治理	公司治理	法人治理结构	董事会下设审计委员会、薪酬委员会和战略委员会，有11名董事，其中执行董事3人，非执行董事4人，独立非执行董事4人	董事会下设审计委员会和薪酬委员会，有10名董事，其中独立董事6人，独立董事中有4位来自于欧美企业和高校，并设立公司治理官
	内部管理	战略管理（主业集中度）（%）	98.46	88.53
		组织管理	采取总公司+晶圆厂的二级管理模式	采取总公司+晶圆厂的二级管理模式

续表

一级指标	二级指标	三级指标	中芯国际（2021）	台积电（2021）
治理	内部管理	风险管理	建立了相对完善的安全风险防控措施，尤其是中芯国际在面临美国打压的背景下自创立之初就将供应链风险管理置于极为重要的位置	建立了相对完善的安全风险防控措施
		数字化管理	晶圆厂的自动化、智能化水平很好	晶圆厂的自动化、智能化水平很好
		社会责任治理体系	发布 ESG 报告	发布 ESG 报告
		安全责任规合水平	未发现违法违规违纪行为	未发现违法违规违纪行为
		资产纳税率（%）	0.07	2.11
	社会责任	社会公益	社会捐款为 912.5 万元，员工志愿服务时数达到 3049 小时	社会参与总投入 50.92 亿新台币（约合 11.73 亿元人民币），社会参与受益人数达到 89.2 万人次
	低碳发展	行业中的低碳发展关键指标	依照国际标准 ISO 14064，建立温室气体核查机制	2020 年提出平均设备节能效益 20% 的永续节能目标。2021 年，台积电制订"新世代机台节能行动方案"
		单位产值能耗	2010—2021 年的电能消耗强度（单位：千瓦时/8 英寸晶圆当量光罩）从 11.8 下降到 11.1，蒸汽消耗强度（单位：公斤/8 英寸晶圆当量光罩）从 5 下降到 0.9，天然气消耗强度（单位：公升/8 英寸晶圆当量光罩）从 157.6 下降到 73.8	针对 17 种耗能组件，项目导入高效能零件与节能设计，成功省下 4 亿度年用电量

续表

一级指标	二级指标	三级指标	中芯国际（2021）	台积电（2021）
国际化	国际化深度	国际采购	设备来自国际一流供应商	设备来自国际一流供应商
		海外营业收入占比（含国家或地区）	来自北美洲、欧洲及亚洲的收入分别占主营业务收入64%、22.29%和13.71%	北美、亚太、欧洲、中东及非洲、日本的客户在台积电营业收入中占比分别为65%、14%、10%、6%和5%
		业务运营	业务集尤其是晶圆厂均在国内，但也在美国、日本、意大利等设立销售中心	近年来在日本、美国新设立晶圆厂，并在北美、欧洲、日本、韩国等地均设有子公司或设办事处
	国际化广度	资本来源	国有资本和国内资本	美国等国际资本
		知识来源	IEDM2022年年会无论文入选	IEDM2022年年会入选的224篇论文中，第一单位为台积电的论文有13篇
	国际化安全	技术控制力	面临设备、EDA软件以及美国等全方位的限制，面临较高的外部风险	作为一家全球性企业，可以整合利用全球范围内的各种资源，具有显著的优势
		资本来源	股东主要来源于大唐、鑫芯、大基金二期等，国有股东居于绝对控股地位，企业的资本来源国际化程度较低	花旗、摩根、渣打等拥有台积电大量股票，台积电的主要控股股东来源于美国金融机构

资料来源：笔者整理。

比。两家企业都依托自身庞大的平台规模将大而分散的商业网络进行了有效整合,形成了以各自为核心的商业生态系统,有效激发了整个生态产业链的协同创新能力。

亚马逊是一家全球著名的电子商务公司,成立于1994年。最初亚马逊只在网络上销售书籍,经过不断扩充,现在亚马逊网站品类繁多,已成为全球商品品种最多的网上零售商和全球第二大互联网企业。同时也提供多项技术服务或产品,比如AWS云服务、Echo智能音箱、仓储与物流服务、线下零售以及Prime会员服务等业务。亚马逊作为一家历史不算长的电商企业,仅仅用了不到三十年的时间就迅速成长为全球一流的B2C网络零售公司,一方面是顺应了互联网时代发展的潮流,另一方面是其本身具有独特的成功密码,值得我们去深挖,这对于中国电子商务行业和企业的发展具有重要的参考意义。

阿里巴巴是一家成立于1999年的网络技术公司,业务主要涵盖三个领域:一是交易平台服务,包括1688网、天猫、淘宝、阿里巴巴国际交易市场和全球速卖通等;二是信息服务,包括菜鸟网络、阿里妈妈、一淘网、阿里云等;三是互联网金融服务,主要以蚂蚁金融服务集团为代表。近年来,阿里巴巴始终保持高速增长,是目前国内最大的电子商务企业,并不断向亚马逊发起追赶。

本部分将主要从绩效、产品、品牌、标准、治理、国际化六个方面对亚马逊和阿里巴巴进行对比分析,从而找到与世界一流企业之间的差距,推动中国企业实现高质量发展。

2. 分指标比较分析

（1）绩效指标比较分析

综观各项全球500强企业排名，无论是《财富》世界500强（*Fortune Global* 500），还是《福布斯》世界500强（*Forbes* 500）抑或是《金融时报》世界500强（*FT Global* 500），财务绩效指标都是衡量世界一流企业的基本标准。财务绩效指标通常包含经营规模、经营效率和企业成长等维度。经营规模一般由营业收入、净资产、净利润等指标衡量。经营效率一般由全员劳动生产率、人均利润率（或净利润率）、人均营业收入、净资产收益率等指标衡量。企业成长一般由营业收入增长率、净利润增长率、市值增长率等指标衡量。

从经营规模维度来看，首先，亚马逊公司发布的财报显示，2019财年、2020财年、2021财年亚马逊的营业收入分别为2805亿美元、3861亿美元以及4698亿美元，三年营业收入平均值为3788亿美元；阿里巴巴2020财年、2021财年、2022财年[①]的营业收入分别为720亿美元、1095亿美元以及1346亿美元，三年营业收入平均值为1054亿美元，亚马逊的营业收入是阿里巴巴的3.6倍。其次，2019财年、2020财年、2021财年

---

① 阿里巴巴财年的计算方式为上一年的4月1日至当年的3月31日，即2022财年的计算起止时间为2021年4月1日至2022年3月31日，故2022财年中有三个季度在2021年。因此，在对亚马逊和阿里巴巴进行财务绩效对比时，可以近似认为亚马逊的2019财年、2020财年、2021财年可对比阿里巴巴的2020财年、2021财年、2022财年。此外，本研究在对比两家企业的财务指标时，使用的是各自三年指标的平均值，进一步平滑了由于财年计算起止时间的不同而带来的误差。

亚马逊的净利润分别为116亿美元、213亿美元、334亿美元，三年净利润平均值为221亿美元；阿里巴巴2020财年、2021财年、2022财年的净利润分别为211亿美元、229亿美元、98亿美元，三年净利润平均值为179亿美元，亚马逊的净利润是阿里巴巴的1.2倍。最后，2019财年、2020财年、2021财年亚马逊的净资产分别为2252亿美元、3212亿美元、4205亿美元，三年净资产平均值为3223亿美元；阿里巴巴2020财年、2021财年、2022财年的净资产分别为1854亿美元、2580亿美元、2675亿美元，三年净资产平均值为2370亿美元，亚马逊的净利润是阿里巴巴的1.4倍。

从经营效率来看，首先，亚马逊2019财年、2020财年、2021财年员工人数分别为80万人、130万人、161万人，过去三年人均营业收入平均值为31亿美元/万人；阿里巴巴2020财年、2021财年、2022财年员工人数分别为12万人、25万人、25万人，过去三年人均营业收入平均值为53亿美元/万人，亚马逊的人均营业收入是阿里巴巴的58.5%。其次，亚马逊过去三年人均利润平均值为1.72亿美元/万人，阿里巴巴过去三年人均利润平均值为10.22亿美元/万人，亚马逊的人均利润平均值是阿里巴巴的16.83%。最后，亚马逊过去三年净资产收益率平均值为6.58%，阿里巴巴过去三年净资产收益率平均值为7.97%，亚马逊的净资产收益率平均值是阿里巴巴的82.56%。

从企业成长来看，首先，亚马逊过去三年营业收入平均增长率为29.66%，阿里巴巴过去三年营业收入平均增长率为37.50%。其次，亚马逊过去三年净利润平均增长率为70.21%，阿里巴巴过去三年净利润平均增长率为-24.34%。最后，亚马逊过去三年市值平均增长率为37.10%,阿里巴巴过去三年市值平均增长率为18.34%。表3-2汇总了亚马逊和阿里巴巴的绩效指标。

表3-2　　亚马逊、阿里巴巴绩效指标一览

一级指标	二级指标	三级指标	亚马逊	阿里巴巴
绩效	经营规模	营业收入（2019—2021年均值）（亿美元）	3788	1054
		净利润（2019—2021年均值）（亿美元）	221	179
		净资产（2019—2021年均值）（亿美元）	3223	2370
	经营效率	人均利润率（或净利润率）（亿美元/万人）	1.72	10.22
		人均营业收入（亿美元/万人）	31	53
		净资产收益率（%）	6.58	7.97
	企业成长	营业收入增长率（%）	29.66	37.50
		净利润增长率（%）	70.21	-24.34
		市值增长率（%）	37.10	18.34

从表3-2可以看出,从经营规模上来看,亚马逊的体量显著高于阿里巴巴,特别是亚马逊的营业收入达到了阿里巴巴的3.6倍之多,阿里巴巴想要在短期内追赶上亚马逊并不容易。从经营效率来看,阿里巴巴要高于亚马逊,特别是阿里巴巴的人均利润率要远高于亚马逊,这主要源于二者的经营模式不同。阿里巴巴以做平台为主,而亚马逊不仅做平台,还有自营业务及自建物流仓储中心,这导致了亚马逊的员工人数要远远大于阿里巴巴,因此人均利润率更低。从企业成长来看,阿里巴巴的营收增长率要高于亚马逊,然而虽然增长速度更快,但考虑

到二者巨大的营收体量差异，阿里巴巴想在短期内规模赶超亚马逊，可能性并不是很大。而阿里巴巴最新的净利润增长率为负，主要与2021年遭受的"二选一"巨额行政处罚有关。阿里巴巴市值增长率显著低于亚马逊则主要受到近些年中概股在美股市场持续遭遇打压的影响。

（2）产品指标比较分析

要成为世界一流企业，必须具有能适应复杂市场需求的产品或服务，这是企业得以维系利润、保持地位的重要资源。根据亚马逊2021年财报，亚马逊的营收构成主要集中在以下几个方面：在线商店2221亿美元、实体商店171亿美元、第三方卖家服务1034亿美元、订阅服务318亿美元、广告服务312亿美元、云计算622亿美元、其他业务22亿美元，占比分别为47.26%、1.01%、22.00%、6.77%、6.64%、13.23%和0.47%（见图3-1）。而根据阿里巴巴2022年财报，阿里巴巴的收入构成为：在线商店1031亿美元、本地生活服务69亿美元、菜鸟73亿美元、云服务118亿美元、数字媒体及娱乐51亿美元、创新业务及其他4亿美元，占比分别为76.60%、5.13%、5.42%、8.77%、3.79%和0.30%（见图3-2）。可见，线上销售是亚马逊和阿里巴巴最重要的支柱业务。需要说明的是，在亚马逊财报中明确说明公司的主要收入来源是向客户销售广泛的产品和服务，其中既包括亚马逊平台自营产品的销售收入，也包括向第三方卖家提供的服务销售收入，因此亚马逊营收构成中的在线商店与第三方卖家服务两个业务类别合并起来就构成了亚马逊的主营业务，即产品和服务销售，在亚马逊总营收中的占比为69.26%。而阿里巴巴业务构成中与之可对比的项目就是其财报中显示的在线商店业务，即在总营收中占比76.60%。从主营业务在总营收中的占比来看，亚马逊与阿里巴巴并不存在显著性差异。

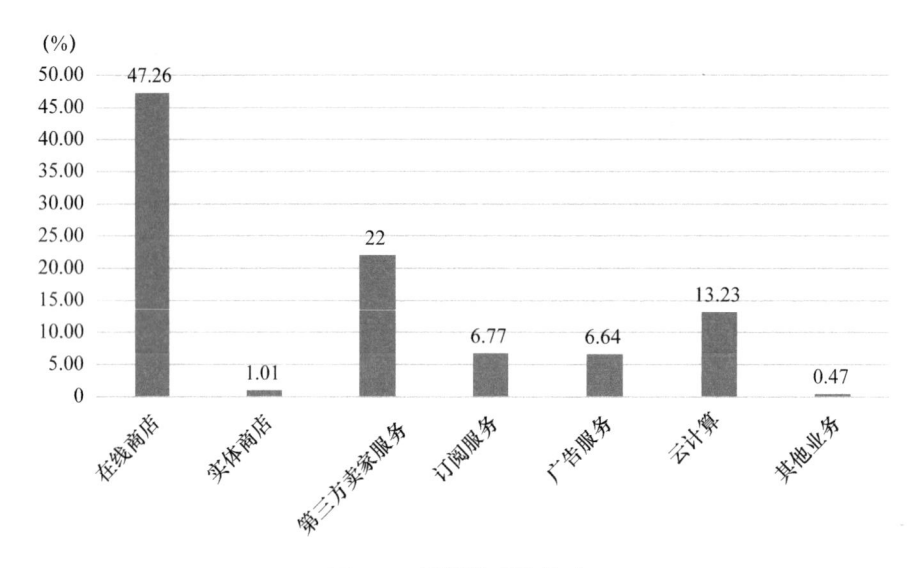

图 3-1 亚马逊营收构成

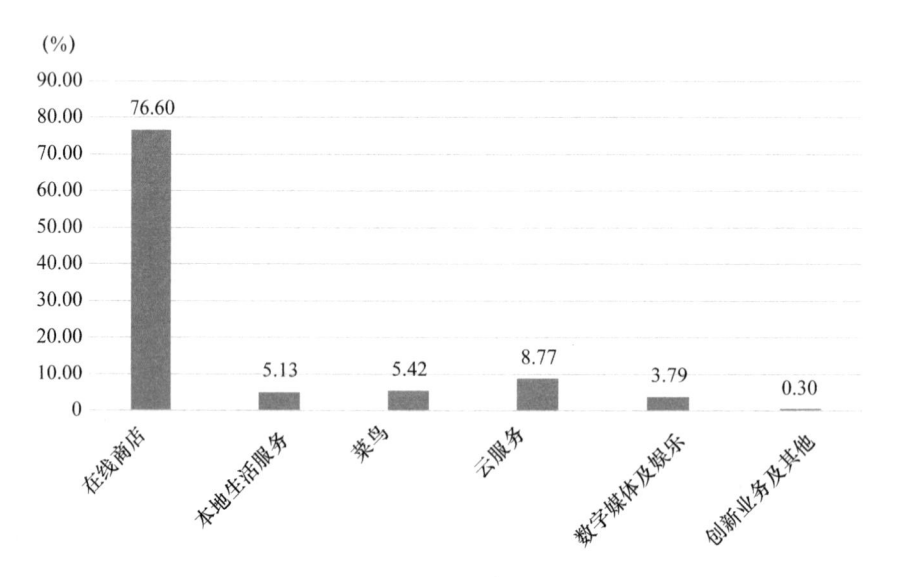

图 3-2 阿里巴巴营收构成

就线上零售业务而言，亚马逊被称为是"以技术重塑零售业"的巨无霸型企业，更是在 2018 年成为了继苹果之后第二家突破万亿美元市值的企业。而阿里巴巴在中国的零售行业也是绝对的龙头，截至 2020 年年底，公司市值突破 6000 亿美元，远超京东、拼多多、美团等电商企业（市值均为 1000 亿美元左右）的规模。通过对比亚马逊和阿里巴巴的财报数据，我们发现亚马逊更倾向于使用市值、销售额、收入增速等指标来衡量其业务发展质量，如亚马逊披露截至 2021 年 6 月 30 日其市值达到了 17407 亿美元，截至 2021 年 12 月 31 日，其销售额达到了 4698 亿美元，2020 年零售业务收入在 2019 年 2450 亿美元的基础上同比增长 39%，云计算业务收入在 2019 年 350 亿美元的基础上同比增长 30%[①]。阿里巴巴则倾向于使用 GMV、活跃用户数等指标来衡量其业务发展质量，如阿里巴巴披露截至 2022 年 3 月 31 日的财政年度，阿里巴巴生态体系 GMV 达到 1.312 万亿美元，其中面向中国消费者的业务产生的 GMV 为 1.258 万亿美元，全球年度活跃消费者约 13.1 亿人，其中来自中国的年度活跃消费者超过 10 亿人。造成中美互联网平台企业采用不同的指标来衡量其主要业务发展质量的原因可能是中国的互联网企业在数量上占优，而美国的互联网企业在规模上占优。根据中国信通院发布的数据显示，截至 2020 年 12 月 31 日，全球市场价值超 100 亿美元的数字平台企业为 76 家，其中中国 36 家，较 2019 年净增 9 家；美国 28 家，较 2019 年减少 2 家。然而，美国大型数字平台总价值达 8.9 万亿美元，占据全球总量的 71.5%；中国大型数字平台总价值为 3.1 万亿美元，占全球总量的 24.8%，只有

---

① 资料来源：《亚马逊年度报告 2021》，https://s2.q4cdn.com/299287126/files/doc_financials/2022/ar/Amazon-2021-Annual-Report.pdf。

美国的1/3左右①。可见，美国的互联网平台企业集中度更高，其业务发展质量的衡量指标要具有跨行业可比性，因此具有更广泛的通用性；中国的互联网平台型企业相对更为分散，其业务发展质量的衡量指标要首先在行业内具有可比性，因此采用GMV、活跃用户数量等更具有行业特色的指标。正是由于亚马逊和阿里巴巴在主营业务方面采用的是不同的汇报指标，因此很难对两家企业在线销售业务评价指标进行一一对应比较。

就云计算业务而言，云计算服务是亚马逊和阿里巴巴都高度重视的业务板块，也是两家公司除线上销售这一主营业务之外最大的收入来源。2021财年亚马逊的云计算业务（AWS）在其总营收中占比为13.23%，达到622亿美元，比2020年同比增长37.10%。在经过对苹果、亚马逊、谷歌和脸书这四家美国巨头企业多年的观察和研究之后，美国纽约大学市场营销学教授加洛韦认为：虽然大家都认为亚马逊是一家在线零售商，实际上它已经成为一家全球最大的云服务公司。亚马逊的金牌会员和AWS是其最受市场欢迎的服务（或产品）（Scott Galloway，2018）。为了提升AWS的计算与服务能力，更好地践行"以顾客为中心"的企业价值观，亚马逊还自主研发了重力2芯片，性能比最新一代的x86处理器还要高出40%。而阿里巴巴的阿里云则是世界第三大、亚太地区最大的云计算基础设施。根据阿里巴巴2022年财报数据，阿里云带来的营收达到746亿元人民币，占总营收的8.77%，比上年同比增长23.13%。此外，阿里巴巴在2022年年初还明确了将消费、云计算和全球化作为未来的三大战略，凸显了对云计算业务的重视。这种重视体现

---

① 资料来源：中国信息通信研究院政策与经济研究所《平台经济与竞争政策观察（2021年）》。

为技术层面的不断创新和应用场景的不断拓展，比如阿里云发布了自研服务器芯片"倚天710"用于提高计算效率，并将阿里云应用到了2020年东京奥运会以及2022年北京冬季奥运会的赛事转播技术服务与技术支持中。需要指出的是，尽管阿里巴巴在云计算业务领域向亚马逊发起了对标，但规模和增速仍距亚马逊有一定的差距。

亚马逊和阿里巴巴这样的巨型平台型企业所提供的最重要的商业模式创新就在于构建了平台生态系统。这种生态系统作为一种市场组织形式将多个群体（包括消费者、企业、个人卖家、仓储物流企业等）连接起来，促进不同群体之间的交互与匹配，从而提高整个市场的运行效率。作为平台生态系统的中枢，平台企业为整个生态系统提供了技术、规则与应用三个方面的支持。从技术层面看，平台企业不仅为平台上的用户提供了网络、数据、算法等基础性要素，比如上文提到的亚马逊和阿里巴巴的云计算服务，也为平台用户的商业活动提供了仓储和物流基础设施和相关技术，比如亚马逊斥巨资建设上百个物流配送中心，解决最后一公里的配送时效问题，以及收购 Kiva 公司，打造 Kiva 机器人自动搬运、高效分拣的核心技术。阿里巴巴也建设了菜鸟规模化物流履约网络，不断打造高效高性价比的配送解决方案，如方便居民自提的"菜鸟驿站"以及无接触配送的自研 L4 自动驾驶小蛮驴等。从规则层面看，平台为用户提供了包括准入、交互、评价、退出等规则和机制，为平台用户的行为提供规范。从应用层面看，主要指平台上的双边或多边用户群体基于平台开展的丰富的交互场景和活动[①]。随着

---

① 中国信息通信研究院：《互联网平台治理研究报告（2019年）》，2019年3月。

平台生态系统的成熟，巨型平台企业的核心地位会使其对相关联产业产生巨大的虹吸效应，吸引更多的端口接入平台，从而形成包含本地生活服务、健康医疗、泛娱乐业务、金融服务和智能终端业务等在内的完整商业生态圈，平台逐渐演化为具有准公共产品属性的新型经济社会基础设施，这一趋势在亚马逊和阿里巴巴的身上都有明显体现。

从技术创新角度来看，除了两家企业都高度重视的云计算业务贡献了大量创新活动之外，设备和内容也是重要的技术创新载体。以亚马逊为例，自2007年推出电子阅读器Kindle以来，亚马逊就一直没有停止对开发创新性产品或内容的探索。比如亚马逊Alexa人工智能产品中的Echo智能音箱一经推出便毫无悬念地垄断了智能音箱市场，其强大的实用性和美妙的声音，使得用户仅需发出语音指令便能实现其想要的操作，从而获得方便而美好的使用体验。Amazon Go线下无收银超市通过便利店的传感器能够计算顾客有效购物行为，并在顾客离开后，自动根据顾客的消费情况在其亚马逊账户上结账收费，为顾客带来极致便捷的购物体验。开发Amazon Unbox为用户自制或从外部获取海量资讯或有价值的内容。甚至启动柯伊伯卫星发射计划为用户提供固定宽带连接。阿里巴巴也在数字媒体和娱乐内容领域发力，通过优酷、阿里影业等平台为客户提供卓越的娱乐体验，并开发了天猫精灵智能音箱，为消费者提供一个互动界面。比较来看，阿里巴巴在技术创新方面较亚马逊还有一定的差距，体现在创新载体形式的相对单一以及技术的深入程度不够等方面。

从市场占有率方面来看，首先比较电商业务，亚马逊的电商业务在美国市场的地位和阿里巴巴电商业务在中国市场的地位基本相当，都是绝对的龙头。根据eMarketer的数据，亚马逊在2021年美国电子商务市场中的份额为25%;而根据行业研究数据库的数据,阿里巴巴在中国电商市场的份额为27.8%。从全球市场来看,亚马逊深耕美、日、欧等发达国家市场,而阿里巴巴主要在东南亚等新兴市场国家发力。除了海外布局范围的不同,亚马逊和阿里巴巴海外收入占比也有显著差异。根据中国信通院数据,在电商领域,中国头部企业海外收入占比最高达23%,而亚马逊海外收入占比达60%,阿里巴巴与亚马逊相比还有明显差距[1]。再比较云计算业务,截至2020年12月31日,亚马逊云计算业务在全球云计算市场竞争格局中位列第一,占据了40.8%的市场份额,而阿里巴巴位列第三,占据全球云计算市场份额的9.5%,差距还是非常显著的。但是如果从全球云计算市场的发展增速来看,以阿里云为代表的中国云计算企业的市场占有率增长速度远高于全球增速。根据Gartner[2]的统计,2021年全球云计算市场规模达到3307亿美元,增速达到32.5%,而中国信通院数据[3]显示,中国云计算市场规模达3229亿元,同比增长54.4%。表3-3汇总了亚马逊和阿里巴巴在产品指标维度的对标结果。

总体而言,在产品维度上,首先,就主营业务板块来说,阿里巴巴和亚马逊在占比最大的线上销售业务领域并不存在显著差距,而在云计算领域,阿里巴巴无论是规模还是增速较亚马逊都有明显的差距。其次,在商业模式创新方面,阿里巴巴

---

[1] 中国信息通信研究院:《中国互联网行业发展态势暨景气指数报告》,2021年9月。
[2] Gartner, "Forcast: Public Cloud Services, Worldwide 4Q21", 2022年4月。
[3] 中国信息通信研究院:《云计算白皮书(2022年)》,2022年7月。

和亚马逊并不存在显著差距。再次，在技术创新方面，相比较于亚马逊丰富的创新产品和创新内容，阿里巴巴的创新载体和创新品类相对还较为单一。最后，在市场占有率方面，阿里巴巴与亚马逊相比，海外市场的市场占有率还有明显的差距，但在云计算领域，阿里巴巴的海外市场增速要明显快于亚马逊。

表3-3　　亚马逊、阿里巴巴产品指标对比

一级指标	二级指标	三级指标	亚马逊	阿里巴巴
产品	产品/服务质量	产品/服务质量：标志性产品或服务在行业中的关键质量指标	主营业务板块中占比最大的线上销售业务在总营收中占比69.26%，云计算业务在总营收中占比13.23%，规模达622亿美元，增速为同比37.10%	主营业务板块中占比最大的线上销售业务在总营收中占比76.60%，云计算业务在总营收中占比8.77%，规模达746亿元人民币，增速为同比23.13%
	产品/服务创新	全球首创技术、管理或商业模式：是否拥有全球首创的关键核心技术、新兴技术、颠覆性技术、管理理论或商业模式，以及全球首创的关键核心技术、新兴技术、颠覆性技术、管理理论或商业模式的影响力	商业模式创新方面：构建了平台生态系统，并作为生态系统的中枢为整个系统在技术、规则、应用三个方面提供了支持。技术创新方面：品类丰富的技术创新载体，如Kindle电子阅读器，Alexa Echo智能音箱，Amazon Go无收银超市，Amazon Unbox资讯、柯伊伯计划	商业模式创新方面：构建了平台生态系统，并作为生态系统的中枢为整个系统在技术、规则、应用三个方面提供了支持。技术创新方面：数字媒体、天猫精灵
	竞争力	市场占有率	海外电商业务市占率60%，云计算全球市占率40.8%	海外电商业务市占率23%，云计算全球市占率9.5%
		市场占有率增长率	32.5%	54.4%

(3) 品牌指标比较分析

品牌是一个企业经由产品或服务在消费者心中建立起的主观认知，衡量了一个企业的整体竞争力。品牌价值是由消费者所体验的感受日积月累而成，世界一流企业都拥有世界级的品牌和影响力。

对于品牌影响力，本报告采用世界品牌实验室（World Brand Lab）的最新排名［2021 年度（第十八届）《世界品牌 500 强》］进行测度。所谓品牌影响力，是指品牌开拓市场、占领市场并获得利润的能力，由三项关键指标，即市场占有率、品牌忠诚度和全球领导力构成。在这一排名中，亚马逊排名第 2，阿里巴巴排名第 88，阿里巴巴在品牌影响力开拓上还有很长的路要走，努力方向可能包括学习亚马逊对于产品质量的注重，如打造具备引领力、高品质和美观的产品。

就品牌价值而言，本报告参考了凯度 BrandZ 2022 最具价值全球品牌排行榜。在这一榜单中，亚马逊位居第 3，阿里巴巴排名第 9。阿里巴巴提升自身品牌价值的努力体现在蚂蚁金服的发展以及在各个平台不断扩大自己的品牌矩阵。为度量品牌的长期收益能力，本报告同时参考了国际权威品牌价值评估机构 GYBrand 编制的 2022 年度《世界品牌 500 强》研究报告，其中亚马逊仍然位列第 3，阿里巴巴排名第 11。从品牌稳定性角度出发，亚马逊和阿里巴巴都持续进入全球重要品牌排名榜中，但是亚马逊排名位置的稳定性要远远高于阿里巴巴。

表 3-4 总结了亚马逊和阿里巴巴在品牌指标维度的对标情况。综合看来，阿里巴巴在品牌建设方面与亚马逊相比还有显著差异。

表 3-4　　　　　亚马逊和阿里巴巴品牌指标对比

一级指标	二级指标	三级指标	亚马逊	阿里巴巴
品牌	品牌影响力	品牌忠诚度：按照世界品牌实验室排名	2	88
		品牌领导力：按照世界品牌实验室排名		
		品牌市场占有率：在品牌所属产品/服务市场中的全球市场占有率		
	品牌价值	品牌价值：过去三年企业品牌价值估值的平均值，按照凯度 BrandZ 最具价值全球品牌排名	3	9
		品牌强度：品牌的长期收益能力，按照 GYBrand 排名	3	11
		品牌稳定性：品牌持续进入全球重要品牌排名榜，以及排名位置的稳定性	高	低

（4）标准指标比较分析

标准化是促进各行各业生态健康发展的有效工具。标准化水平的高低反映了一个企业乃至一个产业的核心竞争力和综合实力。标准化水平的提升直接关系到更高质量的产品或服务。标准指标主要包含标准化管理、标准制定等维度。

在标准化管理方面，亚马逊和阿里巴巴都有各自的独到之处。亚马逊在其客户履单中心推行"全球标准作业准则"，以确保履单过程中减少缺陷，降低成本，并使得全球各地的客户获得标准一致的产品和服务。阿里巴巴的电商平台拥有 1000 多万商家、10 亿量级商品，对于如此庞大的生态体系进行质量管理，阿里巴巴采用了互联网手段和标准化管理方法，基于商品属性、SPU、品牌、类目、模型、抽检构建塔形商品管理体系，依靠大数据建立各种模型、算法、产品，实现商品信息的标准化、数据化运营，实现商品信息和实物信息的确定性，从而打击劣质商品，维护平台声誉。

在标准制定方面，亚马逊的电商业务标准成为国际通用标准，如商家准入条件和资格标准、平台店铺账号管理标准、平台收付制度、平台网页的展示标准、平台专利维护制度、平台物流配送服务制度等。阿里巴巴也正在与全国电子商务质量管理标准化技术委员会（简称"全标委"）一起合作建立中国电子商务质量管理的标准体系，主要包括八个方面电商标准的制定，分别是电子商务业务术语、电子商务平台商品信息发布规范、电子商务平台近似品牌评价指南、电子商务平台商家入驻资质审核规范、电子商务平台商品质量管理指南、电子商务平台交易纠纷处理规范、电子商务平台发货签收与退换货规范和电子商务平台商家申诉业务规范。通过这些标准的制定和完善，不断优化中国电子商务质量管控体系，维护电子商务环境。总体来看，在标准制定方面，亚马逊标准的国际认可度和接受度还是要显著高于阿里巴巴，阿里巴巴在推动自身标准国际化方面还任重而道远。但是值得指出的是，阿里巴巴在向行业输出自己的方法论和产业实践，从而形成行业标准方面一直在砥砺前行，比如2018年阿里巴巴获邀加入JCP最高执行委员会，成为第一家加入JCP的中国企业；2021年阿里巴巴第四次当选W3C董事会成员，也是近7年来中国唯一入选W3C的互联网公司代表。

表3-5汇总了亚马逊和阿里巴巴在标准指标维度的对标情况。综合看来，亚马逊和阿里巴巴在标准化管理方面并不存在显著性差异，但是在标准制定方面，亚马逊的电商业务标准定义了国际通用标准，而阿里巴巴正在推动中国电商标准体系的

形成，在标准制定方面阿里巴巴与亚马逊相比还是有较大的差距，但是阿里巴巴正在就推动自身标准国际化方面加快追赶的步伐。

表 3-5　　　　　　　　亚马逊和阿里巴巴标准指标对比

一级指标	二级指标	三级指标	亚马逊	阿里巴巴
标准	标准化管理	标准化管理活动成熟度：标准制定和管理流程的完善程度	全球标准作业准则	标准化、数据化运营
		标准化管理机构成熟度：标准化管理内部机构的完善程度		
	标准制定	国际标准制定重要性：主导制定的国际标准对主营业务行业发展的重要性	亚马逊电商业务标准定义了国际通用标准	阿里巴巴正在推动中国电商标准体系的形成

（5）治理指标比较分析

公司治理指对公司整体的治理能力，包括治理结构、内部管理、制度体系等，并涉及董事会功能、股东权益、信息披露、风险管控等内容。公司治理的主要目的是建立一套适当的公司内部治理机制，引导企业在遵守契约以及法律的前提下致力于公司运营，尽到对股东、债权人与其他的利害关系人的责任。公司治理要解决的是股东、董事会、经理及监事会之间的权责利划分的制度安排问题，主要是通过一整套包括正式的或非正式的、内部的或外部的制度或机制来协调公司与所有利害相关者之间的利益关系，以保证公司决策的科学化，从而维护公司利益。对于世界一流企业公司治理的评价，主要从治理结构、内部管理、社会责任等维度去衡量。

就公司治理结构而言，亚马逊和阿里巴巴都是相当完善的，股东大会、董事会和经营层独立运作，相互制衡，制度体系完备齐全，见表3-6。

表3-6　　　　　亚马逊和阿里巴巴公司治理结构一览

	亚马逊	阿里巴巴
股东大会	最近一次股东大会 举办时间：2022年5月25日 主要议程：选举11名董事、批准独立审计机构、批准高管薪酬、审议股东提案	最近一次股东大会 举办时间：2022年9月30日 主要议程：审议董事提名、批准委聘独立会计师事务所、审议其他未决事项
董事会及高管层	亚马逊董事会负责对公司的控制和指导，由三个委员会组成：审计委员会、提名与公司治理委员会、领导力发展和薪酬委员会。董事会包括11名董事，其中9名为独立董事。 亚马逊高级管理团队包括6名成员	阿里巴巴的领导团队包括三个部分：董事会委员会、董事会和合伙人。其中： 董事会委员会包括四个委员会：审计委员会、薪酬委员会、提名及公司治理委员会、可持续发展委员会。 董事会包括12名董事，其中7名为独立董事
制度体系	● 公司证书和章程 ● 董事会关于重大公司治理问题的指导方针，包括股东与董事会沟通的政策，董事出席年度会议，董事辞职以促进我们的多数投票标准、董事股权指南、继任计划和薪酬追回 ● 董事会、领导力发展和薪酬委员会、提名与公司治理委员会批准的章程 ● 商业行为和道德准则 ● 政治参与政策和声明	● 组织章程大纲及章程细则 ● 公司治理守则 ● 道德准则 ● 反贿赂反腐败政策 ● 审计委员会章程 ● 薪酬委员会章程 ● 提名及公司治理委员会章程 ● 可持续发展委员会章程

资料来源：笔者整理。

内部管理维度主要包含企业管理的几大要素领域，如战略管理、风险管理等。以战略管理为例，亚马逊和阿里巴巴都有自己清晰明确的使命、愿景、价值观，以及由此衍生出来的战略目标。亚马逊始终将"以客户为中心"的发展理念贯穿到日常运营中，从云计算业务的发展、仓储物流网络的建设、智能设备的开发、履单能力的提升，无不贯彻着这一价值观，即不断努力带给客户最佳的购物体验。最新发布的财报中亚马逊又将自己的愿景进一步丰富和完善，提出要"成为地球上最好的雇主和承担更广泛的社会责任"，为此亚马逊的战略目标落地为不断迭代，不断创新，继续在既定领域深耕。阿里巴巴自创立之初，就一直将"让天下没有难做的生意"作为自己的使命。在企业不断发展的过程中，逐渐形成了"客户第一、员工第二、股东第三"的价值观。在最新一年的财报中，阿里巴巴进一步明确了未来发展的三大战略：消费、云计算和全球化。相比较而言，阿里巴巴的战略目标更加具有进取心。风险管理是亚马逊和阿里巴巴都极为重视的方面。在两家公司各自最新的财报中都汇报了公司经营面临的几大风险因素，这体现了两家公司不仅都具有较强的风险管理意识，风险管理水平也都是相当完备的。此外，就数字化管理而言，亚马逊和阿里巴巴作为以线上零售为主的企业，数字化是其刻在骨子里的基因。在各自的财报里搜索"数字化"这一关键词，发现几乎充斥了两家公司的整个财报篇幅，从数字化内容到数字化运营，再到数字化治理，数字化渗透了两家企业几乎全部的业务板块，在这一点上，二者并不存在显著差异。

就社会责任而言，亚马逊和阿里巴巴都有各自关注的社会责任议题。亚马逊定期会在其官方网站上发布关于可持续性、环境、社会和人力资本目标和倡议的信息,最新发布的议题有10项,涉及气候承诺、可再生能源、循环经济、投资我们的社区等。阿里巴巴也在其最新发布的《阿里巴巴环境、社会和治理报告2022》中公布了其当前关注的七大领域:修复绿色星球、支持员工发展、服务可持续的美好生活、助力中小微企业高质量发展、助力提升社会包容和韧性、推动人人参与的公益和构建信任。亚马逊和阿里巴巴都在其最新的社会责任治理报告中,就其提到的社会责任议题,以及行动与绩效予以了披露。此外,依法纳税是企业应尽的责任与义务,是对社会负责的表现。亚马逊2019年、2020年和2021年,扣除退税后,所缴纳的现金税分别为8.81亿美元、17亿美元和37亿美元。阿里巴巴截至2020年、2021年及2022年3月31日止年度缴纳的所得税分别为人民币215亿元、209亿元和317亿元。

表3-7展示了亚马逊和阿里巴巴在治理指标维度的对标情况。综合看来,与亚马逊相比,阿里巴巴在治理指标上并不存在显著差距。

表3-7　　　　亚马逊、阿里巴巴治理指标对标

一级指标	二级指标	三级指标	亚马逊	阿里巴巴
治理	公司治理	法人治理结构:公司法人治理结构的完善程度	完善的治理结构	完善的治理结构
		法人治理水平:法人治理体系是否协调运转、有效制衡	完备的制度体系和运行机制	完备的制度体系和运行机制

续表

一级指标	二级指标	三级指标	亚马逊	阿里巴巴
治理	内部管理	战略管理：主业集中度	强调聚焦主业	在主业发力
		风险管理：风险管理体系的完善程度	高度的风险意识和完备的风险管理体系	高度的风险意识和完备的风险管理体系
		数字化管理：企业全流程管理的数字化水平	深度渗透业务全流程	深度渗透业务全流程
	社会责任	社会责任治理体系：社会责任治理体系的完善程度	体系完备，议题精准	体系完备，议题精准
		纳税情况	良好，有明确披露	良好，有明确披露
	低碳发展	低碳发展	关注气候承诺、循环经济等	强调绿色发展、可持续发展

（6）国际化指标比较分析

具有国际竞争力的世界一流企业必然伴随着成功的国际化水平。亚马逊和阿里巴巴都明确把业务的全球扩展写入到未来的战略方向中。亚马逊自2012年起，便推出了"全球开店"计划，目前已完成了以北美站、欧洲站、亚太地区站为主的12个国家站点，建立了数百个遍布全球的物流仓储运营中心。阿里巴巴2022年财报显示，凭借其旗下Lazada、速卖通、Trendyol和Daraz，阿里巴巴当年在海外共服务总计3.05亿名消费者，实现了同比约34%的总体订单增长。Lazada的定位是面向东南亚的电子商务平台，速卖通则是一个全球交易市场，Trendyol主要服务于土耳其市场，Daraz则主要面向巴基斯坦和孟加拉国。

从国际化广度来看，对比亚马逊和阿里巴巴的海外业务布局，可以看出亚马逊的国际业务主要集中在欧洲和日本、新加坡等发达国家和地区，阿里巴巴的国际业务主要集中在新兴市场国家。

从国际化深度来看，亚马逊2021年财报显示，其国际业务收入在总收入中占比27.20%，而同期阿里巴巴国际业务收入在其总收入中占比仅为4.12%，可见阿里巴巴的国际业务规模要远远小于亚马逊的规模。再从海外市场增长的角度来看，亚马逊2021年海外业务营收规模比去年同期增长了22.39%，阿里巴巴海外业务营收规模比去年同期增长了25.03%，略高于亚马逊的增长速度。

从国际化安全来看，就海外市场控制力角度而言，亚马逊的海外业务包括平台体系和自营体系两大块，即既有平台收入，也有交易收入，而阿里巴巴只有平台收入。再加上亚马逊的仓储物流体系为自营自建模式，且运营更为成熟，因此对于海外市场的掌控力来说，亚马逊明显强于阿里巴巴，这一点从全球搜索热度就能看出来，亚马逊的搜索热度是阿里巴巴全球速卖通的数十倍。

表3-8总结了亚马逊和阿里巴巴在国际化指标维度的对标情况。可以看出，亚马逊和阿里巴巴各有其深耕的海外市场，在国际化业务方面目前还没有形成直接竞争。阿里巴巴的海外市场营收占比与亚马逊相比仍有较大差距，但增速略高于亚马逊。阿里巴巴对海外市场的掌控力与亚马逊相比还有明显的差距。

表 3-8　　　　　亚马逊、阿里巴巴国际化指标对标

一级指标	二级指标	三级指标	亚马逊	阿里巴巴
国际化	国际化深度	海外业务在总营收中的占比（%）	27.20	4.12
		海外增速（%）	22.39	25.03
	国际化广度	海外业务布局	主要集中在欧洲和日本、新加坡等发达国家和地区	主要集中在东南亚等新兴市场国家
	国际化安全	海外市场控制力	更强	较弱
		全球搜索热度	更高	较低

3. 总体评价分析

在分别对比了阿里巴巴和亚马逊在绩效、产品、品牌、标准化、治理、国际化这六项指标的情况后，我们可以给出一个初步的评价，即除了治理指标外，阿里巴巴在绩效指标、产品指标、品牌指标、标准化指标以及国际化指标五个方面均与亚马逊存在显著差距，阿里巴巴在赶超世界一流企业的道路上仍然任重而道远。表 3-9 综合显示了阿里巴巴与亚马逊在各项指标上的对比情况。

表 3-9　　　　　亚马逊、阿里巴巴总体对标情况表

	一级指标	亚马逊	阿里巴巴	总体评价
总体对标	绩效指标	经营规模更大	经营效率和增长速度更高，但短期内实现赶超并不容易	
	产品指标	电商领域持平，云计算业务领域规模和增速都更大，技术创新品类丰富	电商领域持平，云计算业务领域规模和增速更小，技术创新载体还较为单一	

续表

	一级指标	亚马逊	阿里巴巴	总体评价
总体对标	品牌指标	品牌能力更强	品牌能力较弱	除治理指标外，阿里巴巴在绩效指标、产品指标、品牌指标、标准化指标以及国际化指标方面均与亚马逊存在显著差异
	标准化指标	标准化管理方面持平，标准制定方面更强	标准化管理方面持平，标准制定方面还有较大差距	
	治理指标	基本持平	基本持平	
	国际化指标	有各自深耕的海外市场，海外市场营收规模更大，对海外市场中控力更强	有各自深耕的海外市场，海外市场增速更高，对海外市场掌控力较低	

（四）能源产业典型企业比较分析

能源产业一般是指对能源资源进行开采、生产、加工处理和销售的产业，是国家产业体系中相当重要的资源基础型产业，能源安全更是关乎国家安全的重大战略部署。在全球能源革命和绿色低碳发展的背景下，电能作为一种清洁能源，已经成为现代能源体系的核心能源，是现代生产生活最主要的能源和动力。电力生产与供应业也成为能源产业体系中的关键性产业，孕育出一批具有全球竞争力的世界级企业。在2022年《财富》世界500强榜单中，共有78家公司来自能源产业，其中电力公司占据了较多席位，包括国家电网、意大利电力、法国电力等。为全面深入剖析中国一流能源企业与世界一流企业的差异，本部分选取了国家电网和法国电力两家公司，应用世界一流企业评价指标体系开展对标分析。

1. 典型企业总体情况

法国电力集团（EDF：Electricite De France，以下简称"法

国电力")成立于1946年,是一家国有综合性跨国能源公司,在核能、热能、水电和可再生能源等方面具有世界级竞争力,也是能源转型的领军企业之一。2005年,法国电力实行公司改制并成功上市,加速推进业务拓展和跨国经营。如今,法国电力已经成为一个国际化企业集团,是世界能源市场上最大的供电服务商之一。在欧洲市场,法国电力在法国、意大利和英国等国家和地区主要从事发输配电、天然气供应、工程和咨询等业务,新能源和可再生发电装机容量已经达到25.7GW,电网运营电线长度达到10.5万千米,并有47条跨国输电线。同时,法国电力还积极拓展国际业务,通过子公司以独资或合资形式参与亚洲、南美洲和非洲的20多个国家的电力项目,在全球运营73个核反应堆,为约3000万名国内客户,超过1500万名海外客户提供能源服务。在2022年《财富》世界500强中,法国电力位列第95位。

国家电网有限公司(State Grid,以下简称"国家电网")成立于2002年12月29日,是根据《公司法》设立的中央直接管理的国有独资公司,注册资本8295亿元,以投资建设运营电网为核心业务,是关系国家能源安全和国民经济命脉的特大型国有重点骨干企业。公司经营区域覆盖中国26个省(自治区、直辖市),供电范围占国土面积的88%,供电人口超过11亿人。近20多年来,国家电网持续保持全球特大型电网最长安全纪录,建成30项特高压输电工程,成为世界上输电能力最强、新能源并网规模最大的电网,公司专利拥有量持续排名央企第一。国家电网位列2022年《财富》世界500强第3位,连续18年获国务院国资委业绩考核A级,连续10年获标准普尔、穆迪、惠誉三大国际评级机构国家主权级信用评级（标普 A+、穆迪 A1、惠誉 A+），连续 7 年获中国 500 强最具价值品牌第一名，连续 5 年位居全球公用事业品牌 50 强榜首，是全球最大的公用事业企业，也是具有行业引领力和国际影响力的创新型企业。

2. 分指标比较分析

（1）绩效指标比较分析

本部分从经营规模、经营效率、企业成长三个维度，对国家电网和法国电力的绩效指标进行对标分析。

（1）经营规模。近年来，法国电力资产、收入整体保持稳定，而利润波动较大。从资产规模来看，近三年法国电力资产总额稳中有升，尤其是 2021 年资产规模明显增长。其中，2019 年资产总额 3032.84 亿欧元，2020 年资产总额 3058.91 亿欧元，2021 年资产总额 3609.66 亿欧元，近三年资产总额平均值为 3233.80 亿欧元。从营业收入来看，近三年法国电力营业收入基本保持稳定，2021 年比前两年实现小幅增长。其中，2019 年营业收入 713.47 亿欧元，2020 年营业收入 690.31 亿欧元，2021 年营业收入 844.61 亿欧元，近三年营业收入平均值为 749.46 亿欧元。从实现利润来看，近三年法国电力利润总额波动较大，其中 2020 年利润出现大幅下降，2021 年迅速反弹但仍低于 2019 年水平。其中，2019 年利润总额 63.93 亿欧元，2020 年利润总额 12.93 亿欧元，2021 年利润总额 55.85 亿欧元，近三年利润总额平均值为 44.24 亿欧元。

近年来，国家电网资产、收入和利润总体表现出稳定增长态势。从资产规模来看,近三年国家电网资产总额超过4万亿元并保持稳步增长趋势。其中,2019年资产总额4.16万亿元,2020年资产总额4.35万亿元,2021年资产总额4.67万亿元,近三年资产总额平均值为4.39万亿元。从营业收入来看,近三年国家电网营业收入持续增长至接近3万亿元。其中,2019年营业收入2.65万亿元,2020年营业收入2.66万亿元,2021年营业收入2.97万亿元,近三年营业收入平均值为2.76万亿元。从实现利润来看,近三年国家电网积极响应国家政策,下调销售电价,压缩利润空间,支持实体经济发展。其中,2019年利润总额773.90亿元,2020年利润总额591.00亿元(受政策性降电价影响),2021年利润总额691.10亿元,近三年利润总额平均值为685.33亿元。

(2)经营效率。近年来,法国电力经营效率先降后升,总体呈"V"形波动。从人均营业收入来看,2021年法国电力全球用工总量为16.72万人,当年营业收入为844.61亿欧元,人均营业收入约为50.51万欧元。从收入利润率来看,2019—2021年法国电力收入利润率分别为8.96%、1.87%和6.61%,近三年收入利润率平均值为5.81%。从净利润率来看,2019—2021年法国电力净利润率分别为7.23%、0.94%和6.05%,近三年净利润率平均值为4.74%。从净资产收益率来看,2019—2021年法国电力净资产收益率分别为11.09%、1.42%和10.18%,近三年净资产收益率平均值为7.56%。

近年来,国家电网经营效率整体偏低,盈利能力明显低于法国电力。从人均营业收入来看,2020年国家电网官网公布的全口径用工总量为152万人,当年营业收入为2.66万亿元,人均营业收入约为175.00万元。从收入利润率来看,2019—2021年国家电网收入利润率分别为2.92%、2.22%和2.33%,近三年收入利润率平均值为2.49%。从净利润率来看,2021年国家电网净利润达到502.70亿元,营业收入为2.97万亿元,净利润率为1.69%。从全员劳动生产率来看,2019—2021年国家电网全员劳动生产率分别为83.6万元/(人·年)、80.8万元/(人·年)和81.3万元/(人·年)。

(3)企业成长。2021年,法国电力营业收入均呈快速增长趋势,与2020年形成鲜明反差。从营业收入增长率来看,2019—2021年法国电力营业收入分别为713.47亿欧元、690.31亿欧元和844.61亿欧元,分别比上一年变动28.01亿欧元、-23.16亿欧元和154.30亿欧元,近三年营业收入增长率平均值为7.73%。

2021年,国家电网营业收入也实现大幅增长,比上一年增幅超过11%。从营业收入增长率来看,2019—2021年国家电网营业收入分别为2.65万亿元、2.66万亿元和2.97万亿元,分别比上一年增长0.09万亿元、0.01万亿元和0.31万亿元,近三年营业收入增长率平均值为5.18%(见表3-10)。

表3-10　　　能源产业典型企业绩效指标对标分析

一级指标	二级指标	法国电力	国家电网
绩效	经营规模	2019—2021年资产总额平均值3233.80亿欧元,营业收入平均值749.46亿欧元,利润总额平均值44.24亿欧元	2019—2021年资产总额平均值4.39万亿元,营业收入平均值2.76万亿元,利润总额平均值685.33亿元

续表

一级指标	二级指标	法国电力	国家电网
绩效	经营效率	2019—2021年收入利润率平均值5.81%，净利润率平均值4.74%，净资产收益率平均值7.56%，2021年人均营业收入50.51万欧元	2019—2021年收入利润率平均值2.49%，2021年净利润率1.69%，2021年全员劳动生产率81.3万元/（人·年），2020年人均营业收入175.00万元
	企业成长	2019—2021年营业收入增长率平均值7.73%	2019—2021年营业收入增长率平均值5.18%

（2）产品指标比较分析

本部分从产品/服务质量、产品/服务创新、产品/服务竞争力三个维度，对国家电网和法国电力的产品指标进行对标分析。

（1）产品/服务质量。近年来，法国电力以核能发电作为主导方向，积极践行低碳发展。2021年，法国电力在全球范围内的总发电量中，核能发电量占比78.2%，可再生能源发电量占比12.8%，这意味着不排放二氧化碳的清洁能源发电量占比高达91%。在法国境内，法国电力核能发电量占比高达86.8%，可再生能源发电量占比10.4%，这意味着不排放二氧化碳的清洁能源发电量占比高达97%。

截至2020年年底，国家电网经营区清洁能源发电累计装机容量7.4亿千瓦，占全国的75%，占电源总装机容量的比重达到43%。其中，水电、核电、风电、太阳能、生物质发电装机容量分别为2.33亿千瓦、0.30亿千瓦、2.32亿千瓦、2.16亿千瓦、0.23亿千瓦，同比分别增长2%、4%、37%、22%、28%。国家电网是全球接入清洁能源规模最大的电网。2020年，国家电网可再生能源发电量占比26.8%，以风能和太阳能为主的新能源发电量占比10.2%，清洁能源发电量占比31.2%。

（2）产品/服务创新。作为一家集发、输、配电为一体的国企巨头，法国电力希望通过提升一体化电力全行业业务链的技术能力，占领更多的市场份额。作为全球最大的核电运营商，法国电力在核电领域拥有丰富的经验。受到欧洲推行无煤化政策的影响，法国电力重点关注如何协同发展核电与可再生能源，巩固并发展有竞争力的低碳发电技术。法国电力的研发根据自身的业务板块，在研究院的内部确定三大战略支柱：其一，开展核电和可再生能源，巩固并发展有竞争力的低碳发电技术。其二，竞逐法国本土及全球能源系统，准备下一代电力系统。其三，关注用户和局部用户群体，为用户开发并测试新能源服务解决方案。2016年，法国电力在萨克雷地区的新研发培训中心开放并投入使用。新中心包含法国电力最大的研发机构（EDF巴黎—萨克雷研究院总部基地）与欧洲第一个职业培训中心（EDF巴黎—萨克雷校园）。截至2019年年底，法国电力研发中心共有1870名员工（法国），其中包括156名博士，160名教师研究人员；共有9个研究中心，16个联合实验室，300多个学术和工业领域合作伙伴，628项专利创新，研发预算达到7.13亿欧元。2021年法国电力研发预算为6.61亿欧元，当年营业收入为844.61亿欧元，研发经费投入强度为0.78%。法国电力非常重视应用型研究，研发经费中约70%用于核电、水电、电网（输电与配电）、新能源、客户端数据化、大数据等应用研究，其余30%用于探索性前沿科技的研究。

在创新体系方面，国家电网初步建成了以直属科研产业单位、省级电力公司、基层创新力量为主体的三级创新体系。与清华大学、西安交通大学、华中科技大学、华北电力大学分别成立了联合研究院，发挥高校科研优势，加快能源互联网关键技术攻关。国家电网高度重视研发投入，2020年公司用于研究开发专项资金达106.94亿元。2021年国家电网研发经费投入强度为1.15%，比上年提高0.01个百分点。2021年，国家电网围绕构建新型电力系统重大技术需求，部署实施科技攻关行动计划，全面启动8项重大科技项目，加快关键核心技术和"卡脖子"技术攻关。2021年国家电网获得国家科学技术奖6项，获得中国专利奖22项，中国电力科学技术奖74项。2020年，国家电网申请发明专利14341项，获授权发明专利6260项。截至2020年年底，国家电网累计拥有有效专利97548项，其中发明专利38025项。公司专利申请量、授权量和累计拥有量连续10年排名中央企业第一，发明专利拥有量首次排名中央企业第一。2021年，国家电网申请PCT国际专利240件，在中国企业中排名第28位。

（3）产品/服务竞争力。中国是亚洲乃至全球发电量最高的国家。根据英国石油发布的《世界能源统计年鉴》，2021年全世界范围内总发电量达到28.466万亿千瓦时，与2020年的26.889万亿千瓦时相比，上涨幅度达到5.9%。2021年中国发电量达到了8.534万亿千瓦时，与2020年相比，上涨幅度达到9.7%。2021年，中国的发电量占全球发电量的30%。

从产品/服务区域范围来看，法国电力以法国等欧洲国家为主，国家电网则以中国和"一带一路"国家和地区为主。2021年，法国电力总发电量为523.7TWh，当年全球总发电量为28466.3TWh，法国电力发电量占全球总发电量比重为1.84%。

2021年，国家电网售电量为5.17万亿千瓦时，当年全球总发电量为28.466万亿千瓦时，国家电网售电量占全球总发电量比重为18.16%（见表3-11）。

表3-11　　　　能源产业典型企业产品指标对标分析

一级指标	二级指标	法国电力	国家电网
产品	产品/服务质量	2021年核能发电量占比78.2%，可再生能源发电量占比12.8%，清洁能源发电量占比91%	2020年可再生能源发电量占比26.8%，以风能和太阳能为主的新能源发电量占比10.2%，清洁能源发电量占比31.2%
	产品/服务创新	2021年研发经费投入强度0.78%	2021年研发经费投入强度1.15%，2021年申请PCT国际专利240件
	产品/服务竞争力	发电量占全球总发电量比重为1.84%	售电量占全球总发电量比重为18.16%

（3）品牌指标比较分析

本部分从品牌影响力、品牌价值两个维度，对国家电网和法国电力的品牌指标进行对标分析。

（1）品牌影响力。世界品牌实验室（World Brand Lab）自2004年起每年连续发布"世界品牌500强"（The World's 500 Most Influential Brands）排行榜，其评判依据是品牌的世界影响力，即品牌开拓市场、占领市场并获得利润的能力，主要包括三项关键指标：市场占有率（Market Share）、品牌忠诚度（Brand Loyalty）和全球领导力（Global Leadership）。根据最近两年发布的"世界品牌500强"榜单，2020年国家电网品牌影响力列世界第25位，列中国上榜企业第1位；法国电力品牌影响力列世界第352位。2021年国家电网品牌影响力列世界第23位，比上年上升2位，列中国上榜企业第1位；法国电力品牌影响力列世界第396位，比上年下降44位。

（2）品牌价值。根据英国品牌评估咨询公司"品牌金融"（Brand Finance）发布的"全球品牌价值500强"榜单，2021年国家电网以552.03亿美元的品牌价值排在第16位，2022年国家电网的品牌价值提升至601.75亿美元，排名仍然保持在第16位。2021年法国电力的全球品牌价值排名第187位，2022年小幅上升至165位。另据世界品牌实验室（World Brand Lab）发布的"中国500最具价值品牌"榜单，2021年国家电网以5576.95亿元的品牌价值位居榜首，2022年国家电网品牌价值进一步提升至6015.16亿元，仍然稳居榜首位置（见表3-12）。

表3-12 　　能源产业典型企业品牌指标对标分析

一级指标	二级指标	法国电力	国家电网
品牌	品牌影响力	2020年和2021年世界品牌实验室（World Brand Lab）"世界品牌500强"排名分别为第352位和第396位	2020年和2021年世界品牌实验室（World Brand Lab）"世界品牌500强"排名分别为第25位和第23位
	品牌价值	2021年和2022年Brand Finance"全球品牌价值500强"排名分别为第187位和第165位	2021年和2022年Brand Finance"全球品牌价值500强"排名保持在第16位

（4）标准指标比较分析

本部分从标准化管理、标准制定、标准治理三个维度，对国家电网和法国电力的标准指标进行对标分析。

（1）标准化管理。法国电力注重加强标准化管理工作，在核能开发等方面形成了自有知识产权，并逐步建立起技术标准体系。法国是欧洲最支持核电的国家，认为核电是一种具有成本效益的清洁电力，其潜在好处超过了安全风险。1970年，法国决定放弃有自主知识产权的气冷堆技术，向美国人学习压水堆技术。通过引进、学习、消化，再不断改造、创新，以世界最先进的N4系列压水堆机组成功运营为标志，法国又重新握有了"自己的"技术——有自主知识产权的压水堆技术。法国电力高度重视技术标准化管理，在短短几十年内，从引进许可证开始起步，实现了设计、建设、运行和设备制造全方位的核电自主化。

国家电网始终高度重视技术标准工作。在国家有关部委、中电联等的关心指导下，公司技术标准工作体制机制不断完善，标准体系日臻成熟，标准制修订成效显著，标准化科研硕果累累，标准国际化工作不断取得创新突破。2021年，国家电网大力提升技术标准创新基地综合运营成效，发布国家技术标准创新基地（智能电网）2021年工作要点，成立专家咨询委员会，持续加强国家技术标准创新基地间战略合作，设立标准化研究机构，加强人才队伍建设，成立公司第三届技术标准专业工作组，助力中国能源转型和公司高质量发展。国家电网标准化管理工作取得显著成效，在支撑公司和电网发展的同时，公司技术标准工作也在助力中国提高国际标准化领域的影响力和话语权方面起到积极作用。

（2）标准制定。法国电力在核电技术领域有长期积累并处于领先地位。1962年，法国电力的第一座商用反应堆投入运行，此后公司一直较为重视核电的发展，特别是PWR（压水反应堆）技术路线的发展。在石油危机的冲击和法国政府的支持下，法国电力在核电领域取得了快速发展。2021年，在核能开发与应用领域，法国电力与行业密切合作，定义12项标准，以生产符合要求的产品，并在EDF与其供应商之间建立合作和平衡的关系。目前，法国电力最具代表性的是EPR技术，这是由法国电力和其子公司法马通共同开发的第三代核电技术。这项技术吸收了过去40年国际上积累的压水反应堆核电机组的运行经验反馈和技术进步，其中的主要技术已经过40多年全球357台在运压水反应堆核电机组数千堆年的运营检验，既满足欧洲用户标准和国际原子能机构标准，也满足核安全法规的要求，其安全性得到了显著提高。

为提升国际话语权和影响力，国家电网积极主导编制国际标准。2020年，国家电网在国际标准化组织（ISO）发起的首个国际标准提案"纤维增强塑料—小型组合式构架—技术要求和试验方法（Fiber reinforced plastics—a small modular framework—requirements and test methods）"正式获批立项。该标准是公司在ISO主导立项的首个国际标准，具有重大里程碑意义。2020年国家电网主导立项国际标准9项，出版IEC国际标准5项；牵头或重点参与国家标准98项，行业标准152项获批发布，完成262项公司企业标准制修订。截至2020年年底，国家电网发起和主导制定国际标准累计84项。2021年国家电网主导立项国际标准22项，发布14项；牵头或重点参与国家标准161项，行业标准142项，团体标准获批发布186项，企业标准正式实施214项。2021年国家电网初步构建起新型电力系统技术标准体系，包含 8 个专业、34 个技术领域和 122 个标准系列。截至 2021 年年底，国家电网发起和主导制定国际标准累计 106 项。国家电网在 ISO、IEC 和 ITU 三大世界公认的国际标准化组织中均实现了主导国际标准立项，7 位专家获得 2021 年 IEC 1906 奖，获奖专家数量在国内位居首位。

（3）标准治理。标准是国际合作、互联互通的通用语言，是全球治理体系和经贸合作发展的重要技术基础。法国电力积极参与 ISO 等国际标准化组织相关工作，与此同时，其在促进"绿色"能源发展方面的成效被国际标准化组织认可，2016 年集团数据中心获得 ISO 50001 标准认证。AFNOR 认证中心为法国电力颁布了 AFAQ 50001 能源管理体系标准认证书，以表彰其数据中心在能源管理方面所取得的成绩。在当今数码科技飞速发展的时代背景下，这也是 AFNOR 认证中心颁出的第一份能源管理体系标准认证书。AFNOR 认证中心为法国电力签发了法国原产地保证（Origine France Garantie）标识，以证明该集团生产的是"绿色"能源，即 100% 法国原产地生产，完全利用可再生资源生产（见表 3-13）。

加快中国标准"走出去"，对于推动"一带一路"建设，促进政策沟通、设施联通、贸易畅通、资金融通、民心相通，意义重大。国家电网积极深入参与国际标准工作，努力推动中国电工技术和标准成为国际标准，增强中国在国际电工装备领域的影响力和话语权。2013 年 5 月，国家标准委授予国家电网"国际标准化创新示范基地"称号，对公司工作给予了肯定和鼓励。2020 年，国家电网主导发起成立 IEC SC 8C "互联电力系统网络管理"分技术委员会并代表中国承担秘书处工作。

2021年，国家电网主导发起的IEC TC 129电力机器人技术委员会正式获批成立。同时，国家电网主导立项国际大电网委员会（CIGRE）技术报告工作组3个，累计在国际大电网委员会主导成立18个技术报告工作组。

表3-13　　　能源产业典型企业标准指标对标分析

一级指标	二级指标	法国电力	国家电网
标准	标准化管理	在核电技术领域具有领先优势，最具代表性的是EPR第三代核电技术，实现了设计、建设、运行和设备制造全方位的核电自主化	技术标准工作体制机制不断完善，标准体系日臻成熟，标准制修订成效显著，尤其是全面突破了特高压技术，率先建立了完整的技术标准体系
标准	标准制定	2021年在核电领域定义12项标准，最具代表性的是EPR第三代核电技术	2021年主导立项国际标准22项，截至2021年年底，发起和主导制定国际标准累计106项，在ISO、IEC和ITU三大世界公认的国际标准化组织中均实现了主导国际标准立项
标准	标准治理	积极参与ISO等国际标准化组织相关工作，获得AFNOR认证中心颁出的第一份AFAQ 50001能源管理体系标准认证	主导发起成立IEC SC 8C "互联电力系统网络管理"分技术委员会并代表中国承担秘书处工作；主导发起的IEC TC 129电力机器人技术委员会正式获批成立；累计在国际大电网委员会（CIGRE）主导成立18个技术报告工作组

（5）治理指标比较分析

本部分从公司治理、内部管理、社会责任、低碳发展四个维度，对国家电网和法国电力的治理指标进行对标分析。

（1）公司治理。法国电力作为世界著名的国有控股上市公司，具有完善的公司治理结构和较高的公司治理水平。在股权结构上，法国电力通过整体上市加一定的员工持股实践了混合所有制。通过整体上市，既能体现国家大股东的政策意图，也能发挥资本市场和私人资本的优势，并有效地改善了公司治理。法国电力作为大型国企进行了一定的员工持股来调动积极性。在公司治理上，法国电力的董事会权力得到了切实落实，使良好的公司治理成为企业长期稳定经营的保障。政府通过在董事会中的合理安排（三三制），充分保障了政府、员工、企业家或专家（代表公众利益）的声音与诉求，使良好的公司治理成为企业长期稳定经营的保障。在政企关系上，政府和企业的关系明晰。作为上市公司，法国电力在多年运作中形成了较为清晰规范的公司治理。它与政府之间的关系主要体现在两个方面，一是作为股东的法国政府通过国家持股局行使股东权利，二是其他方面服从相关部门的行业监管或审计，突出"管资本"。作为国家股东代表的法国国家持股局，按照相关规则规范行使股东权利，切实执行了"管资本"职能，同时对所持有的国家股份（国有资本）适时进行动态调整。

国家电网提出的发展战略目标是："建设具有中国特色国际领先的能源互联网企业。"其中，"中国特色"是根本。体现为坚持"两个一以贯之"、党的领导有机融入公司治理，体现为坚定不移服务党和国家工作大局，体现为走符合国情的电网转型发展和电力体制改革道路，体现为全面履行政治责任、经济责任、社会责任。在这一战略指引下，国家电网不断完善公司治理结构，健全公司治理机制。2020年，国家电网积极推进公司国企改革三年行动，编制《国企改革三年行动实施方案》及工作台账，确保中央改革要求落实到位；制订公司全面深化改革任务清单，扎实推进"改革攻坚年"91项任务；编发《企业治理工程实施方案》，围绕公司战略目标，明确9项企业治理关键指标，形成企业治理工程"一二三六"实施框架，为企业治理现代化明确了目标任务和实施路径。2021年，公司大力推进董事会建设，优化完善董事会授权决策机制，实现子企业董事会应建尽建；推行经理层成员任期制和契约化管理，试点开展职业经理人公开招聘；积极参与开展电力市场顶层设计，全面完成省级交易机构股权多元化改革，等等。伴随国资国企改革的持续深化，以"管资本"为主的国资监管体制日益成熟，政府和国有企业的关系更加清晰，国家电网公司治理水平也实现明显提升。

（2）内部管理。法国电力也经历了漫长的改革历程，最为关键的管理变革是改制上市。从法国电力的自身发展来看，进行改制可以实现在国际资本市场上市，扩大融资来源，从政府之外获得发展所需的资金；可以打破经营限制，有利于持续发展；同时，建立健全公司治理，改进经营模式、适应国际竞争，不断提升其市场利益。在数字技术日益重要的时代，法国电力正在寻求限制其对环境的数字影响，致力于负责任的数字化转型，低碳、低能耗、包容性、道德性，并为客户和员工带来高环境价值。2021年3月，法国电力成为第一家获得数字责任认证的能源公司，这是法国生态转型部支持的一项举措。法国电力作为全球低碳能源的领军者，始终致力于为低碳转型探索更具创新性的解决方案。法国电力在中国与专注云计算技术的浙江远算进行合作，研发计算机辅助工程（CAE）工业软件云平台，希望能给中国的工业用户提供基于云端的软件即服务（SaaS）解决方案，助力中国工业用户的数字化转型。

国家电网内部改革有力推进。主要举措包括：大力实施"战略引领·三年登高"总部建设行动计划，深化总部三项制度改革，努力打造"五强三优"坚强总部；优化调整分部管理模式、职责界面、机构设置，进一步强化分部职能和作用，等等。公司入选国务院国资委对标管理提升"标杆模式"。近年来，国家电网加快推进数字化转型。公司制定实施数字化转型发展战略纲要。国网云、企业中台、物联管理平台等数字基础支撑能力不断提升。营销2.0、PMS 3.0、新一代应急指挥、新一代电力交易升级平台等核心业务系统建设全面提速。网上国网、网上电网、数字化审计、移动办公、无纸化会议等推广应用成效明显。截至2021年年底，网上国网注册用户超过2亿人，线上办电率达到96.5%；i国网移动应用平台全面升级，日活跃用户超过33万人；实施电力大数据专项行动，初步构建"两支撑、三赋能"大数据应用业务体系，培育大数据应用成果589项。公司获得工信部数据管理能力最高等级评定。

（3）社会责任。法国电力积极履行企业社会责任。根据联合国的17项可持续发展目标，法国电力的企业社会责任承诺主要关注碳中和与气候、福祉与团结、地球资源保护、负责任的发展。作为欧洲最大发电机组的运营商，法国电力履行职责时始终关注生产设施和人员的安全，并严格遵守环境标准。在保护电力供应方面，法国电力拥有多种多样的、基本脱碳的能源组合，将核能和可再生能源结合起来。此外，在电力消耗高峰时期或寒潮期间，使用灵活和无功的法国火力发电厂，以确保电力网络的平衡。同时，法国电力作为一家公共服务公司，历史上与地方政府密切合作，是区域经济和社会结构中的重要参与者。它在就业、外包、投资和开发当地资产方面的贡献，使其成为该地区吸引力发展的自然和合法伙伴。

国家电网是中国最早正式发布企业社会责任报告的企业之一，是企业社会责任管理和实践的引领者和示范者。公司重点关注的企业社会责任议题包括：全力保障电力供应、积极推动能源转型、构建新型电力系统、推进碳达峰碳中和、服务新能源发展，等等。2021年，国家电网发布实施了构建新型电力系统行动方案。主要内容包括：加强各级电网协调发展，提升清洁能源优化配置和消纳能力；加强电网数字化转型，提升能源互联网发展水平；加强调节能力建设，提升系统灵活性水平；加强电网调度转型升级，提升驾驭新型电力系统能力；加强源网协调发展，提升新能源开发利用水平；加强全社会节能提效，提升终端消费电气化水平；加强能源电力技术创新，提升运行安全和效率水平；加强配套政策机制建设，提升支撑和保障能力；加强组织领导和交流合作，提升全行业发展凝聚力。

（4）低碳发展。法国电力高度重视并积极践行低碳发展，在法国的绝大部分投资都用于电力系统脱碳。2020—2022年，法国电力投资12亿欧元用于推动电力系统脱碳，预计2030年这项投资将高达50亿欧元。2021—2022年，法国电力投资67亿欧元用于建筑物能源系统更新，包括公共建筑物和私人住宅等。2020—2022年，法国电力投资4.9亿欧元用于核能开发，预计2030年这项投资将达到10亿欧元。同时，还加大对水电和可再生能源的投资力度，到2023年这项投资将达到34亿欧元，预计到2030年这项投资将达到71亿欧元。此外，法国电力公司在法国的研发投资中有95%用于集团的脱碳和能源系统的转型。2021年，法国电力在全球范围内的总发电量中，核能发电量占比78.2%，可再生能源发电量占比12.8%，这意味着不排放二氧化碳的清洁能源发电量占比高达91%。

2021年，国家电网发布实施了国内企业首个"双碳"行动方案。主要内容包括：推动电网向能源互联网升级，着力打造清洁能源优化配置平台；推动网源协调发展和调度交易机制优化，着力做好清洁能源并网消纳；推动全社会节能提效，着力提高终端消费电气化水平；推动公司节能减排加快实施，着力降低自身碳排放水平；推动能源电力技术创新，着力提升运行安全和效率水平；推动深化国际交流合作，着力集聚能源绿色转型最大合力。目前，国家电网已成为全球接入清洁能源规模最大的电网。2021年，国家电网在低碳发展方面成效显著：全年新增风电、太阳能发电并网装机容量8700万千瓦，累计达到5.36亿千瓦，利用率97%以上；建成全球最大规模的"新能源云"平台，为新能源提供一站式全流程线上服务，累计接入风光场站267万座；创新开展绿色电力交易试点，累计成交电量76亿千瓦时；车联网平台接入充电桩突破150万根、注册用户突破1000万户；新增5座抽水蓄能电站投产发电，新增抽水蓄能装机容量285万千瓦，在运装机总容量达到2513万千瓦；有序开展电能替代，完成替代电量1532亿千瓦时（见表3-14）。

表 3-14　　能源产业典型企业治理指标对标分析

一级指标	二级指标	法国电力	国家电网
治理	公司治理	通过整体上市加一定的员工持股实践了混合所有制；董事会权力得到了切实落实；政府和企业的关系明晰	编发《企业治理工程实施方案》；优化完善董事会授权决策机制；推行经理层成员任期制和契约化管理；政府和国有企业的关系明晰
治理	内部管理	成功实施改制上市；致力于负责任的数字化转型，低碳、低能耗、包容性、道德性，并为客户和员工带来高环境价值	内部改革有力推进；制定实施数字化转型发展战略纲要，数字基础支撑能力不断提升，核心业务系统建设全面提速
治理	社会责任	企业社会责任承诺主要关注碳中和与气候、福祉与团结、地球资源保护、负责任的发展	企业社会责任议题主要包括：全力保障电力供应、积极推动能源转型、构建新型电力系统、推进碳达峰碳中和、服务新能源发展，等等
治理	低碳发展	2020—2022 年，投资 12 亿欧元用于推动电力系统脱碳，预计 2030 年这项投资将高达 50 亿欧元；清洁能源发电量占比高达 91%	风电、太阳能发电等新能源利用率达到 97% 以上；建成全球最大规模的"新能源云"平台；绿色电力交易累计成交电量 76 亿千瓦时；电能替代完成替代电量 1532 亿千瓦时

（6）国际化指标比较分析

本部分从国际化深度、国际化广度、国际化安全三个维度，对国家电网和法国电力的国际化指标进行对标分析。

（1）国际化深度。作为全球范围内最大的供电服务商之一，法国电力早在 1990 年就开始进行国际化发展，在欧洲、北美、中东、亚洲、非洲都有核能、热电、天然气、可再生能源业务覆盖。其中，核电主要分布在法国、中国与英国，水电主要分布在巴西和喀麦隆，风电主要分布在中国、美国、苏格兰和爱尔兰。目前，法国电力的收入和利润仍然主要来自欧洲，尤其是法国本土，但是海外业务收入和利润比重持续上升。从收入来源看，2021年法国电力营业收入为844.61亿欧元，其中：法国本土占60.08%，比2020年的64.59%下降4.51个百分点；英国占11.97%，比2020年的13.10%下降1.13个百分点；意大利占13.27%，比2020年的8.64%上升4.63个百分点；其他国家占3.97%，比2020年的3.51%上升0.46个百分点；法马通核能公司（Framatome）、能源服务公司（Dalkia）、EDF可再生能源公司（EDF Renewables）及其他公司则贡献了剩下的10.71%。从利润来源看，2021年法国电力税息折旧及摊销前利润（EBITDA）为180.05亿欧元，其中：法国本土占74.35%，比2020年的78.01%下降3.66个百分点；英国占-0.12%，比2020年的5.09%下降5.21个百分点；意大利占5.81%，比2020年的4.22%上升1.59个百分点；其他国家占1.48%，比2020年的2.35%下降0.87个百分点；法马通核能公司（Framatome）、能源服务公司（Dalkia）、EDF可再生能源公司（EDF Renewables）及其他公司则贡献了剩下的18.48%。根据联合国贸发会议发布的《2022年世界投资报告》，2021年法国电力海外资产为1600.91亿美元，占资产总额比重39.16%；海外营业收入为418.98亿美元，占收入总额比重41.97%；海外员工数为3.37万人，占员工总数比重20.42%；跨国指数为33.8%；海外资产规模排名第13位，跨国指数排名第89位。

"一带一路"建设是中国适应和引领全球化、构建全方位开放发展新格局的重大举措。近年来，国家电网遵循共商、共建、共享和平等互利的原则，立足主业，发挥企业优势，积极服务和参与"一带一路"建设。公司在推进"一带一路"建设和国际化发展过程中，围绕"一个核心"（以服务和推进"一带一路"建设为核心），推进"两个一体化"（投资、建设、运营一体化和技术、装备、标准一体化走出去），开展"三化"经营（长期化、市场化、本土化经营），增强"四个力"（贯彻国家战略的服务力、国际业务发展的竞争力、国际业务的风险控制力、国家电网的品牌影响力）。国家电网投资和承建的项目均关系当地经济社会发展，是各个国家和地区的重要基础设施，所有项目运营平稳、管理规范，得到当地社会和监管机构的充分肯定和高度评价，建立了良好的国际信誉。公司多个项目在国际上成为"金字名片"，为当地创造经济、社会和环境价值，树立了负责任的国际化企业形象。截至2020年年底，国家电网境外投资总额累计232亿美元，境外营业收入累计3900亿元，实现利润515亿元。截至2021年年底，国家电网境外资产达到3200亿元，占总资产比重为6.85%。根据联合国贸发会议发布的《2022年世界投资报告》，2021年国家电网海外资产为474.79亿美元，占资产总额比重的7.14%；海外营业收入为111.30亿美元，占收入总额比重的3.04%；海外员工数为1.62万人，占员工总数比重的1.80%；跨国指数为4.0%；海外资产规模排名第97位，跨国指数排名第100位。

（2）国际化广度。法国电力在不断提升其技术优势和业务价值的同时，十分重视同其他国家尤其是发展中国家的合作。其中，法国电力在新增合作国家的业务绝大部分均为可再生能源发电，用实际行动践行着在全球范围内推广低碳模式的目标。目前，包括法国境内的6家公司和全球四个大洲（欧洲、亚洲、非洲和美洲）的9家分公司在内，法国电力已拥有超过70家子公司和分支机构，总员工人数约16万人，可为全球近4000万用户提供能源服务。在全球多个区域，法国电力都针对当地的业务进行布局，设置了侧重点不同的研发中心。通过3个位于法国本土以及7个海外的研发中心，开展本土化及国际化的科研业务。例如，在英国的研发中心偏重海上风电技术，并为核电体系的运维优化提供部分支持；德国研发中心偏重区域能源、智慧城市、欧洲能源转型、氢能。在中国，法国电力同样设立了研发中心。由于中国是一个能源大国，并且涉及各种能源形式，因而法电中国研发中心涉及全能源链研发，从传统的核电、火电技术到新型能源太阳能技术，此外还有电网的输配电技术、节能技术、可持续城市规划等各个领域。通过研发中心的技术推广，法国电力在中国也找到了更多的合作伙伴。

近年来，国家电网在全球设立了10个办事处，主要负责加强与所在国家和地区的政府部门、经贸商会、电力企业、科研院所、国际组织及中国驻外机构等交流与合作；宣传公司战略目标；跟踪并推进投资并购、能源合作、工程承包、装备出口、技术咨询服务、金融合作等项目。截至2021年年底，国家电网在10个国家和地区成功投资运营14个骨干能源网项目，与周边国家建成跨国输电线路10条，累计交易电量超过360亿千瓦时。2014年12月，由中国电力科学院与葡萄牙国家能源网公司联合设立葡萄牙研发中心，是国家电网在海外成立的首个技术研发中心,重点开展电力系统仿真和分析、可再生能源管理、智能电网技术、能源市场等领域的研究以及咨询服务。该中心旨在发挥公司在特高压、新能源等领域的技术优势,构建国际化技术发展平台,借助欧洲当地高端电力技术人才,力求创造一批有市场应用价值的电网技术知识产权。

(3)国际化安全。法国电力的国际化战略发展思路是辐射欧洲,面向全球。近年来,法国电力的欧洲战略目标是通过增加国家开发低碳解决方案,同时巩固在欧洲的地位,成为欧洲智能充电领导者。法国电力的国际战略目标是到2030年,将公司业务扩展到新的地理区域,国际活动增加3倍,成为3—5个新兴市场的基准,并确保在十几个国家的重要存在,开展国际能源服务活动和工程服务以支持其能源转型。通过采取有效的并购整合措施,法国电力不仅汇聚了全球各区域的竞争力来提升企业优势,同时还在全球建立了相对完善的产业链,化解了潜在的经营风险。目前,法国电力在核能开发与应用领域具有全球领先优势。

国家电网提出的发展战略目标是:"建设具有中国特色国际领先的能源互联网企业。"其中,"国际领先"是追求。公司致力于企业综合竞争力处于全球同行业最先进水平,经营实力领先,核心技术领先,服务品质领先,企业治理领先,绿色能源领先,品牌价值领先,硬实力和软实力充分彰显。为实现这一目标,国家电网持续开展技术创新,努力提升在全球技术生态的控制力,以及在全球供应链价值链关键环节的控制力。以国家电网为主体,中国不仅全面突破了特高压技术,构建了完善的特高压试验和研究体系，还率先建立了完整的技术标准体系，自主研制成功了全套特高压设备，实现了从中国制造到中国创造，再到中国引领的跨越式发展（见表3-15）。

表3-15　　　　能源产业典型企业国际化指标对标分析

一级指标	二级指标	法国电力	国家电网
国际化	国际化深度	根据《2022年世界投资报告》，2021年跨国指数为33.8%；海外资产规模排名第13位，跨国指数排名第89位	根据《2022年世界投资报告》，2021年跨国指数为4.0%；海外资产规模排名第97位，跨国指数排名第100位
	国际化广度	境外9家分公司，全球员工人数约16万人，可为全球近4000万用户提供能源服务，有7个海外研发中心	境外设立10个办事处，全口径用工总量约152万人，供电人口超过11亿人，有1个海外研发中心
	国际化安全	在核能开发与应用领域具有全球领先优势	在特高压技术和设备等领域具有全球领先优势

3. 总体评价分析

本部分基于世界一流企业评价指标体系对国家电网和法国电力开展对标分析，尽管两家公司在绩效、产品、品牌、标准、治理和国际化各指标的表现存在一定差异，但是它们都已经具备了非常强的国际竞争力，在多个指标维度上彰显了世界一流企业的特征。

在绩效方面，国家电网更具规模优势，但法国电力经营效率相对更高，国家电网成长更为稳健，法国电力则业绩波动较大。在2022年《财富》世界500强榜单中，国家电网位列第3位，法国电力位列第95位。2019—2021年，法国电力收入利润率平均值为5.81%，净利润率平均值为4.74%；国家电网收入利润率平均值为2.49%，净利润率平均值为1.69%。2019—2021年，法国电力营业收入增长率平均值为7.73%，国家电网营业收入增长率平均值为5.18%。

在产品方面，法国电力清洁能源比重更高，国家电网研发投入强度更高，国家电网售电规模占全球比重更高。2021年法国电力核能发电量占比78.2%，可再生能源发电量占比12.8%，清洁能源发电量占比91.0%；2020年国家电网可再生能源发电量占比26.8%，以风能和太阳能为主的新能源发电量占比10.2%，清洁能源发电量占比31.2%。2021年法国电力研发经费投入强度为0.78%，同期国家电网研发经费投入强度为1.15%。2021年法国电力发电量占全球总发电量比重为1.84%，国家电网售电量占全球总发电量比重为18.16%。

在品牌方面，国家电网的品牌影响力和品牌价值都明显高于法国电力。从品牌影响力看，2020年和2021年世界品牌实验室（World Brand Lab）"世界品牌500强"榜单中，法国电力排名分别为第352位和第396位，国家电网排名分别为第25位和第23位。从品牌价值看，2021年和2022年Brand Finance"全球品牌价值500强"榜单中，法国电力排名分别为第187位和第165位，国家电网排名保持在第16位。

在标准方面，法国电力和国家电网都高度重视技术标准体系建设和国际技术标准制定。法国电力在核电技术领域具有领先优势，最具代表性的是EPR第三代核电技术，实现了设计、建设、运行和设备制造全方位的核电自主化，集团数据中心获得ISO 50001标准认证。国家电网标准体系日臻成熟，标准制修订成效显著，尤其是全面突破了特高压技术，率先建立了完整的技术标准体系。截至 2021 年年底，国家电网发起和主导制定国际标准累计 106 项，在 ISO、IEC 和 ITU 三大世界公认的国际标准化组织中均实现了主导国际标准立项。

在治理方面，法国电力市场化程度相对更高，公司治理更加完善。国家电网和法国电力都是国有企业，但是法国电力以发电和输配电业务为主，国家电网以输电、变电和配电业务为主。与发电环节相比，输变电环节具有明显的自然垄断性质，因此法国电力主营业务的市场化程度更高一些。两家公司都经历了市场化改革过程，公司治理结构不断完善。由于法国电力实现了整体上市，并实施了员工持股，总体表现出相对更高的公司治理水平。此外，两家公司都积极实施数字化转型，主动履行社会责任，大力推动低碳发展。尤其是法国电力清洁能源发电量全球占比达 91%，法国占比达 97%。

在国际化方面，法国电力全球化进程领先于国家电网，跨国指数和海外研发机构数量都远高于国家电网。2021 年，法国电力跨国指数为 33.8%，国家电网跨国指数仅为 4.0%，两者相差比较悬殊。法国电力已建立 7 个海外研发中心，开展国际化科研业务。相比而言，国家电网仅在葡萄牙建立了 1 个海外研发中心。两家公司各有比较优势，法国电力在核能开发与应用领域具有全球领先优势，国家电网在特高压技术和设备等领域具有全球领先优势。

四　中国世界一流企业成长的实践考察与理论框架

理解中国企业的发展，必须置于中国式现代化道路的情境之下。坚持走中国特色市场经济道路，发展至今中国经济规模已居世界第二位。企业是市场主体，对于任何一个经济体，大企业都是国家竞争力和国民财富的载体，对促进经济社会发展和满足人民美好生活都发挥着极其重要的作用，扮演着不可替代的角色。对于中国经济取得的伟大成就，经济学者从制度经济学、新古典理论等不同的角度给予大量解释（如刘元春，2002；林毅夫，2006；王军等，2013），但是很少有学者从微观层面研究企业成长对于经济发展的促进作用（张文魁，2022）。企业是创造财富，推动经济增长的主体。改革开放以来，中国企业为什么能够从小变大？为什么中国市场能够培育出一批世界级企业？尤其是，被指责效率不高的国有企业能够实现持续成长、做大做强，老强调空间不足的民营企业能够不断创业发展、创新业态，作为一个世界级的经济现象，中国企业实现持续成长的独特性到底是什么？

在经济学视角下，要素和制度是决定经济增长的主要变量。

其实，经济发展与企业成长都是有效配置资源（包括技术、资本、人力等）和持续制度创新的结果。本文试图基于微观基础，考察中国经济发展和企业成长实践，从外部环境的产业政策推动、市场需求拉动，内部环境的企业战略定位、供应链分工，并结合传统文化对于企业家精神和员工工作态度的影响，以及历次时代变革所创造出的巨大商业机会等方面，解析中国企业如何通过坚忍不拔的创业创新，不断适应外部环境，配置生产要素资源，抓住商业机会，并成长为世界一流企业。

（一）中国实践：企业对增长的贡献

中国是为数不多的成功缩小与发达国家差距的发展中国家。从改革开放到新时代，中国经济实力实现历史性跃升，到2022年国内生产总值近20万亿美元，占世界经济比重达18.5%；人均国民生产总值约1.2万亿美元，超过中等收入国家水平；制造业规模居世界第一位，制造业增加值占世界28%。在经济规模快速增长和消费能力不断升级的过程中，国有经济和民营经济领域纷纷涌现出一批大企业，它们是国民经济的基础，能够影响产业体系布局，代表着国家创新的前沿力量。中国企业的体量发生了重大变化，2022年《财富》世界500强企业中有145家中国企业，占31%，当然还有很多中国大型企业没有参与评选。中国企业在高铁、大飞机等制造业领域，机场、港口等建筑业领域，金融、互联网等高端服务业领域取得令人瞩目的成就，经营收入持续增长，基础研究和核心技术实现突破，重新定义新的行业标准，改变人们的生活方式，推动中国进入创新型国家。尤其在企业成长的过程中，企业管理方式从粗放向精益发展，中国企业借鉴欧美和日本管理经验和理论，同时也继承中国传统的管理经验，融合创新、渐成一体，总结形成新的管理模式（巫云仙，2020）。

巨大经济成就是中国道路自信、理论自信、制度自信和文化自信的底气所在。然而，对于中国经济增长的秘诀，新古典增长理论、制度经济学等都做出了大量的解释，但是这些解释都是片面的。当人们真的需要对现实经济进行观察、识别和解释时，就需要基于事实直接面对客观世界，基于中国发展的成功经验进行解释。微观层面的企业发展往往被视为微不足道，或者往往被产业政策及其他政策所包罗、所掩盖，从而其独立性和基础性地位被忽视。从实践的角度看，中国企业与中国经济同命运共呼吸，可以说这些企业都是"世界一流"企业，虽然它们经常被指责"大而不强"，创新不足，缺乏核心能力。不可否认的是，这些企业的成长与存在，是全球所有其他发展经济体中，或者实现工业化现代化的进程中，都不曾出现类似的现象。

企业在成长的历程中经常面临着战略问题，例如如何穿越多个经济周期，发现新的增长点等。评判一个企业是否是世界一流企业，需要基于最佳实践的"事实标准"——即能否经得起时间检验这一公认标杆。一方面，任何一个世界一流企业的崛起，都具有鲜明的时代背景和烙印，也可以称之为"时代的企业"。另一方面，尽管世界一流企业总是应运时代潮流而生或脱颖而出，但它们又不会因时代的更迭而被淘汰出局。那些世界一流企业，都是穿越经济周期活下来的，商业模式一定是成功的，且被反复验证过，值得学习的。除了经受时代的考验，世界一流依然可以通过持续的创新、变革等活动来保障"领先状态"的持续性——从长周期来看，这些企业在总体上始终将自身发展到了业内领先而未被超越的竞争状态。因此，世界一流企业的战略管理能够保障企业跨越多个经济周期或者行业周期，在激烈的国内外竞争中不断胜出、持续发展、创造价值。

因此，以中国的世界500强企业为代表，那些业绩长期领先、持续稳定增长、具备全球市场竞争力、资产规模大、资源实力强、管理水平高的企业都可以视为世界一流企业，表现出"产品卓越、品牌卓著、创新领先、治理现代"的特征。本文认为这些企业构成了中国经济的微观基础，通过观察这些企业的成长历程与实践经验，可以找到一些规律性的内容，可以解释中国企业为什么"能"这一问题。

（二）理论框架：塑造独特性的维度

通过观察企业实践，并综述相关文献，可以认为有六个要素共同塑造出中国企业成长的独特性，这六个要素缺一不可，在这些要素的共同作用下，中国企业才有源源不断的成长动力，并发展成为世界一流企业。

1. 制度视角

制度学派认为，制度变迁促进经济增长。本研究则试图从微观角度（企业层面）来研究制度变迁对于经济发展的影响。从微观角度来看，企业是市场主体，经济制度或产业政策将首

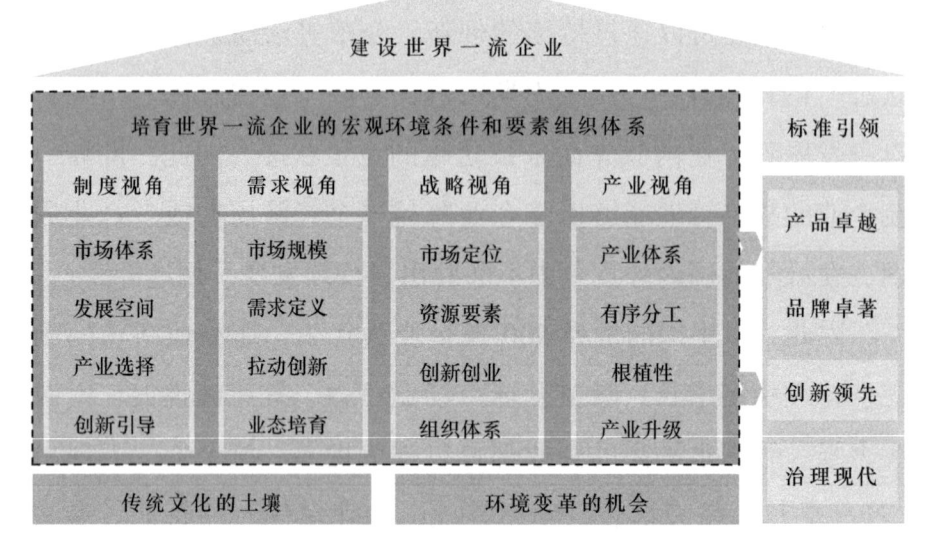

图 4-1 塑造中国企业成长独特性的要素

先影响企业，进而影响整体经济发展。例如，改革开放打破了传统计划经济体制的条条框框束缚，企业家精神得到鼓励和释放（余菁，2018）。研究者通常把中国定位为转型经济体，政府干预市场力度大、制度发展水平相对滞后（余林徽等，2013），然而中国经济迅猛发展的事实以及取得的伟大成就对于制度学派的观点提出了挑战（路风，2022）。本研究认为，中国经济发展和企业成长是制度和市场双重作用的结果，制度创新具有二元性，市场环境和制度环境共同塑造了企业的核心能力（曾萍等，2013；黄先海和宋学印，2021；王东京，2022）。以市场经济体系、"抓大放小"、加入WTO、国企改革、数字经济等政策措施为例，各级政府主导下的制度创新释放企业家活力，为企业提供广阔市场，促进企业自主创新，以及实现高质量发展。因此，"没有成功的企业，只有时代的企业"。理解"时代"的含义，除了把握历次工业革命的规律，还需把握政策导向的脉搏。

2. 需求视角

需求是市场环境的重要特征，需求条件包括需求规模和需求层次。从美国商业史看，市场需求规模能够决定企业规模，市场需求促进美国企业进入大生产、大营销时代。钱德勒在《规模与范围》一书中描述了美国大型工业企业的成长过程，在铁路、电力、化学等领域，实现规模经济与范围经济的前提就是统一的国内市场及其产生的庞大需求，全球化更是成为跨国企业成长的驱动力。从短缺经济到过剩经济，庞大的国内市场需求和市场空间是中国企业发展的重要支撑。中国企业的成长更是离不开庞大的国内市场需求，"短缺经济"就是市场需求得不到满足的表现。国内市场为企业成长提供了产品销售的空间，消费升级在促进产业升级的同时，还在拉动技术创新，培育出新产业新模式新业态。正是因为有着庞大的用户基础，再加上政策对于国外互联网巨头的管制，中国互联网才能成长为全球领先的创新型企业。

3. 战略视角

战略管理领域形成了以产业组织理论为基础的行业定位学派、建立在资源基础上的资源基础观、侧重创新与创业研究的企业家学派，三者共同决定了企业的成长。世界一流企业的成长离不开正确的行业定位，独特的要素资源，以及创业创新精神。定位学派认为，企业要进入一个"宽市场"展开竞争，行业空间决定了企业成长的规模上限。企业要想获得持续的竞争优势，还必须拥有独特的资源，这些资源是有价值的、稀缺的、难以模仿的、不可替代的。改革开放以后，随着中国市场经济制度的不断完善，企业家的社会地位应受人尊崇，竞争精神与创新精神得到全社会广泛认可与赞许。陈俊龙等（2014）认为创业意味着创新、变革，意味着探寻机会和承担风险，意味着创造顾客和改变人们的生活方式。商业机会转瞬即逝，企业家不但要具有对于市场机会的把握能力，还需要构建管理大型企业的组织体系和模式。

4. 产业视角

良好的产业生态对于企业成长十分关键。中国有着完善的工业体系，这是企业实现创新成长的"土壤"。工业体系还有着有序的产业分工，大企业通常位于金字塔形产业体系的顶端，或者作为大型平台，而众多的中小企业则构成了金字塔的底层或平台的附庸。大企业的成长离不开庞大的中小微企业群体，这一群体为大企业提供了"相关行业支撑"（波特，2002）。例如，汽车工业的竞争优势也离不开钢铁、机械、化工，以及零部件等行业的支持，集中资源优先发展单一产业，往往无法一枝独秀。中小微企业往往是大型企业的供应商，采取"盯住"大型企业的发展战略，在某一个细分领域也能做到"专精特新"。因此，尤其值得注意的是，除了淡马锡那样的世界一流企业是例外之外，大型企业的成长一定离不开有序的产业分工。产业分工决定了企业的经营边界，尤其随着分工程度的加深，整个工业体系的根植性也得到了加强。

除了制度创新、需求条件、战略管理、产业分工，在世界一流企业的成长过程中传统文化和商业机会也是重要的变量。对于中国企业而言，企业家精神的共性和相对稳定的内涵包括艰苦奋斗、敢于担当、诚信守约、履行责任等，这些都与中国的传统文化内涵密不可分。再者，如改革开放、南方谈话、抓大放小、互联网浪潮、第三次工业革命……都是巨大的行业机会。例如，"92派"企业家、互联网领域的创业者都是各个时期敏锐抓住商业机会的成功者，他们具有抓住现有机会并实现价值的强烈动机而开展的创业行为。

（三）对中国世界一流企业成长实践的考察

考察中国企业的成长，一定要与中国具体实际相结合，要与优秀传统文化相结合。要基于中国经济增长的战略机遇，围绕企业家的修养和视野进行解释，才能理解制度、需求、分工、战略等要素对于企业成长的重要意义。

1. 传统文化

方法论指导实践工作。中国企业管理思想一方面来自传统思想管理传承与进化，另一方面来自以马克思主义为代表的党的管理思想。习近平总书记曾数次强调，中国的发展要充分理解中华优秀传统文化和中国实践，要将马克思主义基本原理同中国具体实际相结合、同中华优秀传统文化相结合。赵纯均（2013）认为中国的精神、实用理性代表着中国企业和企业家的辩证智慧。在大部分中国企业学自己西方组织形式和制度框架背后，仍是两千年传统中国家族组织基础上观念精神和文化心理。企业成长首先要植根本国市场，企业管理首先要根植本民族历史文化沃土，中国人民在长期生产生活中积累的宇宙观、天下观、社会观、道德观对于企业经营仍有重要价值。优秀传统文化塑造了中国企业和企业家的经营哲学、管理理念以及价值观，并渗透在战略、组织、运营、营销、创新等诸多领域。再成熟的西方管理制度和工具想融入中国企业实践，只有围绕中国人的文化心理特征展开，才能被中国文化历史和传统塑造的人所接受。

共产党人也是伟大的创业者和管理者，马克思主义基本原理同中国具体实际和中华优秀传统文化相结合也形成了伟大的管理思想。无论在国有企业中还是民营企业中，党领导下的干部培养体制为企业培养了大批优秀的管理者。从马列主义到毛泽东思想，再到邓小平理论和"三个代表"重要思想，再到习近平新时代中国特色社会主义思想，党的领袖及其核心思想，甚至中国共产党在各个时期的成功事件案例，中国企业家都能够从中吸取管理理念和管理思想。中国共产党坚持"人民至上"，中国企业家也重视"人"。以海尔的人单合一管理为代表，管理学进入了"能本管理"时代，它最大的特点是关注"人的创造力"。这个时代是人本管理的高级发展阶段，尽管它也坚持以人为核心的管理思想，但是从以人的"动机"为核心转为以"人的创造力"为核心，尤其是探索利用系统和机制释放每一个人的能量。

中华优秀传统文化理念塑造了企业家适度性思维、系统性思维，形成了科学的决策机制和程序，从而可以全面地、长远地思考问题。传统文化也具有地域性特征，例如江苏文化的特质包括规避政治风险、温和勤劳、尊师重教、善于变通等，相应地企业家创业精神较强,踏实苦干,也比较倾向进入具有比较优势或熟悉的领域(程俊杰,2016)。成功的企业往往能够将优秀传统文化古为今用、嫁接进化,打造出具有鲜明特色、能够指导企业发展的文化价值观。例如富士康通过严格的管理控制,甚至是半军事化的员工管理,把规模经济的效率优势发挥到了极致,从深圳到郑州,企业发展的最显著特征就是传统文化中的集体色彩以及服从意识。

2. 变革机会

紧扣时代脉络,重视机会把握。中国企业和企业家嗅觉灵敏,几乎能够洞察与把握每一次历史性发展机遇,并将其转化为企业的竞争优势。改革开放以来,凡是那些能够抓住每次政策出台机遇的企业最终实现了生存与发展,它们对于环境变化极其敏感,往往会提前储备资源,追求适度超前的长远发展,并实现螺旋式的上升。在某些情况下,企业的创新发展能够倒逼制度的改革与创新,尤其在互联网领域,技术创新打破了产业领域的准入性壁垒,并在更多领域产生了示范效应。商业机会的出现是企业家精神萌生的前提条件,中国商业史上至少涌现出三种截然不同的企业家精神,分别是个体经营者的企业家精神、大工业时代的企业家精神和新技术革命浪潮下的企业家精神(余菁,2018)。

从历史经验观察,实现企业成长需要三要素,即产业变革、制度调整、管理创新。新的科技与产业革命带来行为规则、组织原理与社会意识的转轨变化,不断产生新的产业、制度和企业(如表4-1所示)。其中,产业变革和制度调整带来新的商业机会,管理创新能够帮助企业抓住和利用这些机会实现成长。

在第二次工业革命中，美国和德国通过加强有形资产的投入，发展钢铁、电力、铁路等规模依赖特征的产业体系，从而实现大型企业的成长与发展。钱德勒指出，19世纪晚期美国与英国最显著的区别就是国内市场的扩张，其次是新兴产业的保护。由于新兴产业发展相对缓慢，在本轮技术变革中英国开始全面落后于美国与德国。造成这种状况的原因主要在于英国的政治、科学与经济等系统并没有像美国、德国那样动态调整以适应新兴技术体系的要求，英国也没有像美国那样创造出以"福特制"为代表的管理模式。

第三次工业革命中，日本制造则是抓住了"无形资产"投资，发展汽车、电气、半导体、合成材料等新技术领域。美国企业的发展战略仍然强调前一范式中成熟产业的立即收益与短期投资，企业的新兴产业发展与技术创新的速度不断被削弱，美国政府在基本政策上也对发展新兴产业并不积极。这就使得美国的汽车、半导体、电子等许多精密制造业在20世纪60年代末开始丧失竞争优势，直到20世纪90年代信息技术取得突破之后，美国对技术—经济范式进行了全面调整才有所转变。从历史比较来看，日本的"精益生产体系"与1913年美国的"工作标准"类似，都是基于新兴技术对生产体系的重塑。丰田制使得企业的技术创新与生产效率得到了大幅度提升，而终身雇佣制、年序工资制等又保证了员工对于新技术的接受程度，这种安排使得日本工人更乐意接受新技术，从而加速了新兴技术的有效推广与广泛渗透。进入21世纪以来，以新一代信息技术为代表的新一轮科技革命和产业变革正在发生，随着中国高质量发展、数字经济等国家战略的实施，适应产业创新的制度顶层设计正在成熟，为中国企业的管理模式创新提供了难得机会窗口。更重要的是，必须要形成一个与产业变革相匹配的全新的生产体系等来动态适应技术变革的发展趋势，并促进企业创造性地做出反应。正如美国、德国在赶超过程中所显示的那样，组织管理创新既是范式转换的核心所在，也是技术变革与新兴产业发展的重要动力。面对此次赶超的"机会窗口"，科技创新和管理创新同等重要，中国产业技术赶超的路径不但需要通过新兴技术的突破来实现战略性新兴产业的革命性变化，从而在新一轮技术革命与产业革命中抢占先机；而且需要管理模式的创新，将新兴技术与管理创新结合起来，共同提升中国企业的整体竞争力（见表4-1）。

表4-1　　　历次工业革命中的企业成长与管理创新

成长事件	新兴产业	政策体系	管理创新	代表管理模式
19世纪末到20世纪初美国与德国企业的崛起	冶金技术与炼钢、化学工业等领域的技术突破，有形资本、规模依赖的技术变革出现	大力发展钢铁、电力、铁路等新兴产业，大范围运用"有形资本与规模依赖"的技术，建立全新工业体系	● 泰勒主义兴起 ● 管理职能专业化 ● 企业内部研发部门的出现	福特制：福特结合技术变革，将机器车间、线上操作、自动化等结合起来，建立了新"工作标准"
20世纪80年代初日本企业的崛起	汽车、电气、半导体、合成材料等领域的技术突破，有形资本、规模依赖的技术变革开始消亡，偏向无形生产性资产的技术变革开始出现	政府不遗余力地促进技术创新，以教育投资、技术推广等形式进行无形资产投资	● 精益生产体系 ● 终身雇佣制 ● 年序工资制	丰田制：既促进了企业与承包商之间的技术合作，又密切了工程师与工人之间的关系，使得技术创新与生产效率得到大幅度提升

历史经验也证明，除非有新的科技革命、制度革命出现（影响产业政策、产业分工、需求条件等变量），仅仅依靠传统文化支撑，甚至依靠企业家自身努力与积累资源，无论哪个国家都不可能再孕育出世界级的一流企业。因此，企业实现成长的各个要素是有机的整体，中国大企业的成长路径也是不可复制的。

3. 制度创新

在缺乏长期性顶层设计的前提下，中国经济变革的动力主要来自以产业政策为代表的制度创新。制度学派认为，经济增长的根本原因是制度的变迁（North，1973；North，1981）。改革开放以来，中国政府也在围绕着"市场机制在资源配置中的作用"这一任务，不断探索与出台各种政策。中国经济制度的变迁和经济转型构成了经济增长的主导力量（刘元春，2003）。国内学者也明确了中国改革开放所导致的制度变迁对经济增长的贡献（傅晓霞和吴利学，2002）。企业的成长在相当程度上得益于宏观政策维持稳定运行，尤其是市场导向的非国有经济部门的迅速增长（王小鲁，2000）。因为，"制度至关重要"（institutions matter）（Acemoglu 等，2001），良好的营商环境对经济发展有显著的促进作用，即具有更好的"制度"能够促进经济发展（董志强，2003；刘元春，2003）。

多数学者认为，制度变革既是增长的动力又是阻力，改革开放的本质就是市场化，由计划经济向市场经济转变，体制缺陷成为增长的障碍（张维迎，2019）。因此，很长一段时间内中国被称为转型经济体，所有问题的根源都在于向市场化转型不够彻底。中国经济取得的成就表明，政策具有二元性，中国特色社会主义市场经济机制更为重视政府对市场的引导、塑造。中央自上而下的改革与广大创业者群体自下而上的创新创业相互促进，成就了改革开放的巨大成就（张玉利，2018）。中国共产党对社会主义基本经济制度的探索，实践上实现了对苏联模式"计划乌托邦"和华盛顿共识"市场乌托邦"的超越（陈书静和王洪涛，2021）。那么作为最重要的外部环境，中国的制度创新或者说政府做对了什么，才推动企业实现了持续成长？

改革开放以来，中国制度变迁主要表现在产权制度、市场化程度、分配格局和对外开放四个方面（金玉国，2001）。对于企业而言，制度变迁能够激发人们从事经济活动的努力，知识和人力资本的积累（傅晓霞和吴利学，2002；林毅和何代欣，2012），或者促进生产性私人投资（姚树洁等，2006），降低创业成本、增加创业活动。程俊杰（2016）认为，制度变迁能够激发企业家精神，影响企业的创新行为、创业行为，引领民营经济发展。当然，参与到世界经济的分工也能够使得中国企业可以获得比开放前更丰富的技术、制度和资源。结合经济发展实践，本研究认为，制度变迁与创新在以下几个方面促进了企业成长：一是激发市场活力。因为经济制度的变化，例如产权保护制度和契约执行制度，释放出巨大的创新创业力量（余林徽等，2013）。二是扩大市场空间。"抓大放小"给予民营企业更大的发展空间，加入WTO充分释放了中国工业企业的制造潜力，并为出口贸易找到了广阔市场。通过构建全国统一大市场，塑造"双循环"发展格局。三是引导产业选择。无论是改革开放初期的加工贸易，还是供给侧结构性改革的"三去一降一补"，或者数字经济时代的创新发展……政府通过产业政策引导具体产业选择，选择重点发展方向，制定长期扶持政策，以及推动产业转型升级。四是创新驱动发展。自主创新是贯穿中国经济发展始终的一项基本战略，通过重大专项构建科技自立自强战略，政府一直鼓励企业面向世界科技前沿、面向经济主战场、面向国家重大需求、面向人民生命健康，加强基础研究，突出原创，增强自主创新能力，激发创新活力。具体而言，制定有利于创新的政策，建设创新基础设施，或者直接参与创新活动。

中国企业在成长过程中面临的环境格外复杂，体制转轨、对外开放、制度探索等，各级政府在经济活动中有着巨大的影响力，新技术也在迅速发展。对于制度、经济、社会、技术环境的变迁，企业深刻地体察中国社会转型中特有的复杂性、不规范性、高风险性，包容晦涩不明的规律，在缺少方向的指引、遭遇阻力甚至倾覆危险的情景下，企业主动适应、摸索、成长，尤其注意政治分寸与关系和谐，而不是成为环境的牺牲品。中国企业采取的是有理想而不理想化的战略追求（赵纯均，2013），坚守在实践中被证明行得通的真理。中国企业离不开政府，企业也在谋求影响与引导政府政策，保障企业在绝大多数行业的公平竞争是一个非常重要的特色。

总之，中国企业的成长得益于产业政策的出台和不断深化，行业领军企业引领技术创新和产业升级，高科技领域企业的"非理性繁荣"，以及民营企业"船小好调头"的灵活创新机制。

4. 需求条件

中国是世界第二大经济体，同时也是世界第二大消费市场。中国经济长期向好，物质基础雄厚，社会大局稳定，市场空间广阔。从需求潜力看，中国已经形成拥有14亿人口、4亿多中等收入群体的全球最大最有潜力市场，随着向高收入国家行列迈进，规模巨大的国内市场不断扩张。从供给能力看，中国储蓄率仍然较高，拥有全球最完整、规模最大的工业体系和完善的配套能力，拥有1.3亿户市场主体和1.7亿多受过高等教育或拥有各种专业技能的人才，研发能力不断提升。从供求双方看，中国具备实现内部大循环、促进内外双循环的诸多条件，必须利用好大国经济纵深广阔的优势，使规模效应和集聚效应充分发挥，也必将能够培育出规模、质量、效益领先的世界一流企业。庞大的人口规模是企业创业、创新的基石，每一个企业都有可能迅速完成用户规模的积累，并在此基础上建立核心竞争力。与美国企业的成长有些类似，中国企业立足于自身的核心能力，实现规模与范围的扩张，最终大企业理所当然成为国民财富积累的代表。中国经济拥有超大规模市场优势，内需潜力巨大，具备了依靠扩大内需持续做大经济循环流量、推动经济增长的条件，新发展格局的动力来源明显侧重于国内供给和需求对接（黄群慧和倪红福，2021）。

定位学派特别强调行业的发展趋势。然而，行业却被科技革命和产业变革所塑造。例如，100年来，构成世界财富的产业份额在不断发生变化。美国的产业经历了由传统工业到电子工业再到信息工业的发展过程，产业逐渐从传统的粗放型比如钢铁厂、橡胶厂到精细化工业比如自动化机器厂商、电影行业、零售行业再到服务型工业中的科技公司、金融公司。1917年的钢铁和石油行业、1967年的石油和电信行业、2017年的科技和金融行业，这才是新进入者"有利可图的市场"，会产生"时代的企业"。正是在不同的时代，企业选择了正确的经营领域，一大批世界一流的企业诞生了。例如1917年的美国钢铁和标准石油，1967年的美国电信和通用汽车，2017年的苹果和微软等，不同的工业革命阶段产生了不同的伟大企业。民营企业则把握住时代大势，促进了中国互联网经济发展。得益于庞大的用户规模和完善的基础设施，中国互联网产业将保持稳定增长，整体来看，中国互联网产业规模大、增速高、潜力足，互联网化程度名列世界前茅。从影响力看，相当数量的中国互联网巨头和初创企业已登上国际舞台。从结构上看，中国互联网市场呈现鲜明特色，电子商务、共享经济、金融科技等板块尤为突出。

中国企业能够做到适度满足市场需求。在社会主义初级阶段，社会矛盾主要是人们日益增长的物质文化需要同落后的社会生产之间的矛盾，"短缺经济"是经济发展的主要特征。国内市场有巨大的需求未被满足，即使最为平淡无奇的企业也面临着多种业务机会的选择，这些企业的业务选择上贯彻着朴素和平实的逻辑——选择"热门"行业，这种逻辑让美的、海尔、比亚迪等企业一直在"竞争激烈、利薄如刀刃"的行业里摸爬滚打，也时不时会遭遇失败的挫折。在经济转型时期，中国企业能够以恰当的成本、创新、质量、效益满足市场需求，为产品寻找恰当的定位。尤其在2008年之后，加入WTO所创造出的"外循环"对经济的主导作用被"内循环"逐渐替代，中国制造业出现了明显的内需化趋势（黄群慧和倪红福，2021）。在新时代，社会主要矛盾是人民日益增长的美好生活需要和不平衡不充分的发展之间的矛盾，中国企业则主动向"中国品牌、中国创造、中国质量"转变，中国制造不再是低质廉价的代名词。中国企业强调"实用、实际、实行"，对"度"的掌握恰到好处。

需求还能拉动创新。技术创新和管理创新是企业成长的"鸟之两翼""车之两轮"。技术推动与需求拉动对前沿技术的产业化都起到重要作用，市场需求推动技术产业化，确定新技术的市场需求，验证商业可行性（李晓华，2022）。在技术创新方面，中国企业从"山寨"到创新，从草根到极致，中国制造从低端切入，然后不断向高端升级。技术创新是未来中国经济发展的重要动能，但我们很容易低估技术创新的潜力和复杂性。中国已经成为全球最大的消费市场，虽然有些核心技术仍很落后，可是中国企业在创新方面非常大胆超前，政府和民众也都乐于尝新、拥抱创新，以互联网领域为例，国内已经形成了技术崇拜的氛围，无论人工智能还是大数据，当别的国家还在犹豫不决的时候，全球最新的科技都能够最早在中国市场得到应用。中国正在变成一个巨大的新科技"试验场"，未来会有越来越多的新科技在国内市场首次应用并塑造出新的产业生态。规模巨大的中国市场具有影响技术轨道和工业路径的可能性，而实现这种可能性的充分条件是在企业、行业和国家层次上的技术学习以及能够推动这种学习的战略和政策。高铁发展的经验已经证明，中国企业可以成为大型技术系统的创新者和引领者。更进一步而言，在一些陌生的领域，中国企业已经开始能够主导技术的演化，并推动技术范式的成熟。例如"华龙一号"是一种成熟的技术范式，它是中国具有完整自主知识产权的三代核电技术，满足全球最新核安全标准，是中国核电创新发展的重大标志性成果。路风（2021）认为，中国铁路装备工业之所以没有因大规模引进而重蹈汽车工业和民用航空工业的覆辙，恰恰在于它具有强大的技术能力基础，而且自主创新方针对引进路线的扭转使这个能力基础很快就重新发挥主导作用。可以说，引领性的颠覆性技术、行业的技术能力基础、庞大的市场需求规模，三者会共同定义未来各个新兴领域的技术范式和主导设计。在管理方面，中国企业也能够通过"拿来式"的学习，从粗放式管理开始，最终成功塑造具有自身特色的管理模式，甚至超越了跨国企业的管理水平，管理创新成为企业独特的竞争优势。

5. 战略与组织管理

随着中国经济的快速增长，企业的外部环境、要素市场和需求结构都发生了重要的变化。一流企业在企业战略与组织方面表现出驾驭这些变化的动态能力。战略思考对企业战略制定以及企业未来发展至关重要，企业战略离不开企业家的战略思考，企业家对体制、文化、社会的洞察力使其能够在充满矛盾的复杂因素中找到主要矛盾。从定位视角看，无论电力、钢铁，还是房地产、互联网，一流企业首先要找到一个"宽市场"，只有在容量巨大的市场空间中，才能够产生规模、质量、效率领先的大型企业。从资源视角看，无论是资金、技术，还是人力资本、社会关系，一流企业要拥有具备独特性的资源，以打造企业的核心能力。

经济发展是企业家不断开发新产品、引入新生产方式、开辟新市场、获取新原料和建立新组织结构的一个创造性破坏过程。市场是一个发现和创造的过程，在这个过程中，知识、资源、偏好和技术都不是给定的，而是依赖于企业家精神的利用。因为在真实的市场中，人是无知的，人们拥有的信息和知识是不完全的，想象力和判断力在决策中是至关重要的（张维迎，2018）。因此，在熊彼特经济学的市场中，企业家居于中心地位。由于市场中大部分参与人的无知和循规蹈矩，如果没有企业家，资源不可能得到有效利用，新技术、新产品不可能出现，经济不可能增长。正是通过企业家的创新活动，新产品、新技术才不断出现，经济才有可能持续增长。中国企业和企业家具备高度权变的战略思考，能够构建紧密的组织体系，善于学习、模仿和创新，能够把运营效率提升到极致。少数企业领导者视野和远见对于一家企业的兴衰起到关键作用。企业家是风险的承担者，是长期经济增长的微观组织机制（庄子银，2007）。企业家精神分为创业精神和创新精神（李宏彬等，2006；程俊杰，2016），企业家精神是经济持续增长的最重要驱动力（Leff，1979；鲁传一和李子奈，2000；李宏彬等，2006；庄子银，2007）。创业精神是指任何建立新企业的行为，创新则包括新技术的产业化应用，甚至创造出全新的行业业态（张玉利，2018）。由于新一轮科技革命正在快速推进，创新正在成为最重要的增长引擎，企业的创新能力、企业家的创新精神越来越成为经济增长的决定性因素，企业群体的行为越来越具有主动性（张文魁，2021）。同时，中国企业家有着立意高远的使命追求，并将其转化为企业愿景，他们不缺乏商业基因，有高瞻远瞩、目光敏锐、愿意学习，也有深悉国情、身段柔软的共性特征。中国民营企业从无到有，富有创新的民营企业家精神深刻地影响了社会的各个领域，改变自己命运的同时，参与了这个国家经济崛起。以"浙江现象"为例，浙江省资源禀赋并不突出，但是凭借活跃的民营企业家创新创业行为，其经济发展速度远高于其他大多数省份。国有企业加强党的领导，强化党组织的作用，在国企治理中的优势集中体现为"四个有助于"：有助于促进企业决策民主统一高效，有助于保持企业战略的稳定性，有助于凝聚各方力量共同发展企业，有助于提高企业内部控制与权力监督。

无论是国有企业，还是民营企业，中国企业往往能够建立起严密的组织控制体系。组织体系的严密性体现在秩序、遵从和信任，企业与员工的关系超越了西方企业的合同式关系。成功的企业高度尊重和关注企业中人的各种需求，也注重物质和非物质的手段来满足这些需求。同时，成功的企业家也高度要求组织中的个体以企业为重，甘愿为组织奉献一切，强调忠诚于服从和长期性，组织与个体的边界变得十分模糊。以主人翁意识为例，劳模精神普遍存在于国有企业和民营企业中，成功的企业依靠共创共享共治的理念聚集了一批优秀人才，并通过管理创新为员工积极性的发挥提供空间。进一步地，中国企业也没有完全采用西方理性的制度体系，大部分的中国企业甚至包括很多民营企业也在通过党组织推进企业文化建设，塑造员工行为和形态。在运营方面注重契约和效率，在激励方面，兼顾人情和和谐。

中国企业善于学习，成功走过了从模仿到创新的历程。模仿创新是企业发展初期的合理选择，自主创新则是企业在成长过程中的追求目标。在改革开放之初，中国企业引进国外技术、管理经验，经过在经营实践中的反复锤炼与调整，中国企业往往将后发的优势发挥得淋漓尽致。在技术创新方面，中国企业通过创造性模仿，持续学习，后来居上，实现了自主创新和科技自立自强。在管理创新方面，海尔最早从日本引进"日清工作法"，而后通过博采众长、兼收并蓄，形成了具有海尔特色的人单合一管理模式。抛开底层技术创新不足的困境不谈，中国互联网企业在电子商务、共享经济、社交媒体等领域崛起和发展的根本原因在于管理创新。在技术创新领域，中国互联网企业做得还不够，但是它们充分利用了国内庞大的用户基础优势，针对新科技革命和个体价值崛起的趋势，在管理创新方面不断实现突破。

6. 产业分工

中国企业的成长首先是因为国内已经形成了门类齐全的工业体系，并形成了有序的产业分工。齐全的工业门类、完整的产业链条、完善的配套体系与深度的分工协作是中国制造业独特优势的来源。产业分工能够实现资源配置的效率最大化，能有效地提高生产力的水平。例如，生产要素互补性、工业化水平差异性和产业结构互补性等是国内集群产业分工协作的基础（罗珉和赵红梅，2009）。因此，中国制造的全球竞争力得益于上下游产业所构成的产业生态，在相对完整的产业链和完善的产业生态支撑下，企业能够基于大规模生产，持续降低成本和实现技术迭代升级。企业除了培养核心价值，还要围绕核心价值开发或融入与其紧密联系的生态系统，在不断优化自身价值创造的同时促进整个产业生态的发展。核心企业或者一流企业需要构建整个产业生态，考虑的是如何掌控全局；中小微企业考虑的是怎样找到自身的定位，并将自身融入整体的产业生态。

产业经济研究习惯上把产业链按照高中低环节划分，从经济规模角度看，产业链只有分工差异，难有高低之说。"微笑曲线"的概念深入人心，认为附加值是判断产业链高低环节的主要指标。值得注意的是，向产业链高端升级与保持经济规模就是一对矛盾，需要做出权衡和取舍。很难在保持巨大制造规模优势的情况下，同时实现发达国家工业所具备的效率和结构指标。因此，产业链没有所谓的高端低端之分，最为关键的是抓住那些具有规模经济的产业链环节，而不是一味追求高端和技术替代，放弃了具有规模经济的大市场。

基于有序分工的产业体系为创新的实现提供了条件，从而避免了"卡脖子"或者被锁定在产业链低端的风险。得益于市场环境的优化和完善，产业分工的精细化程度不断加深，以深圳电子信息制造业为例，拥有层次分明、优势互补的梯队，形成了以大企业为主体，中小企业依靠大企业辐射生存和发展的竞争态势，而专业化分工协作、配套完善的工业体系是产业集群竞争力的体现。有序的分工使得上下游企业之间形成紧密合作关系，从而不断降低供应链成本，提升供应链时效性。苹果、小米等智能手机，特斯拉、蔚来等智能汽车企业的竞争力莫不建立在国内完善的工业体系和有序的产业分工基础之上，创新型企业才有可能实现"PPT造车"。

　　有序的分工也提升了产业根植性。产业根植性取决于产业与一个国家经济、社会中各种要素之间以及构成产业的企业之间结合的紧密程度（李晓华，2022）。相关行业支撑能够提升产业抵御环境变化而持续发展的能力，而完全基于低成本优势的产业则容易向海外市场进行转移。现代企业的发展不仅仅依靠于自身的产业链，还与供应商及相关产业支撑有着重要的交互关系。这种有序分工的秩序建立在各个产业链环节企业之间信任的基础上，大中小企业、上下游企业都致力于维护这种信任关系，愿意未雨绸缪、广种薄收，不追求短期回报或者直接回报，强调源远流长的非功利性关系，谋求长期合作和特殊信任。从全球视野看，为了避免"卡脖子"问题，中国不是寻求构建"大而全"的完整产业链，这样做既不经济也没有可行性，还是要主动融入和重新塑造全球分工体系。金碚（2019）认为，全球化国际分工与产业安全并不是对立关系，国际竞争力很大程度上取决于参与全球化分工的广度和深度。

五 中国特色世界一流企业成长规律探寻

中国企业仍处于探索着培育世界一流企业的实践进程之中。探究中国特色的世界一流企业的成长规律，其前提条件是要明了世界一流企业成长的一般规律。本章首先对"世界一流企业是如何成长起来的？"这一问题的理论解释进行了回顾。通常，影响企业成长的因素分为内源性因素与外生性因素。结合中国实践来分析，中国企业在很大程度上受益于改革开放以来的历史性机遇，同时，也发展起来了比较独特的生产组织管理能力。其次，本章分析了中国如何从"人口大国"发展为"世界性大市场"。那些看似是培育世界一流企业所需的外生性的市场机会因素，其实离不开中国企业群体的内生能力的演化进程。如果没有企业奋勇付出，外生性因素再重要，也无法独立支撑世界一流企业的成长。再次，本章分析了中国如何实现从"世界工厂"到"世界一流工厂"的发展变化，在此过程中，迅速发展壮大的中国企业逐步奠定了当下我们加快培育世界一流企业的组织基础。中国实践表明，世界一流企业是从众多企业持续共生成长中脱颖而出的、一个循序渐进的过程的自然产物。然后，本章阐述了中国企业独具特色的三项生产组织管理特征，它们分别是：坚持兼容于多重制度逻辑的基本经济制度；繁荣具有多样性和强适应性的企业家精神；影响企业决策与目标的可持续文化价值观。这些生产组织管理特征，使中国企业有希望开拓出区别于西方发达国家的世界一流企业的新的发展道路。最后，本章探讨了中国企业在加快培育世界一流企业时将面临的三重挑战。如果成功应对了这些挑战，中国将拥有一批茁壮成长的世界一流企业。

（一）世界一流企业是如何成长起来的？

Penrose（1959）指出，企业成长是一个漫长的演化过程。世界一流企业是企业持续成长到高级阶段后的一种表现形态。企业理论告诉我们，企业是生产性资源的集合。按照这种观点，世界一流企业是卓越的、伟大的生产性组织，是一流产品与服务的生产提供者。在其成长过程中，世界一流企业凭借强大的管理能力，不断地捕捉各种市场机会和聚合各种生产性资源，源源不断地创造各种经济社会价值，最终才得以演化到世界一流的成长状态。任何国家的企业在培育世界一流企业时，都需要接受企业成长理论的一般规律的检验。

从国际经验来看，世界一流企业的成长，并不仅仅是企业自身努力的结果，而是需要重要的时代机遇。发达国家的世界一流企业，通常是在其国家经历了相对持久的经济持续增长的时间周期之后，才逐渐涌现出来的。唯有在经历了相当长的一段时间的经济增长与繁荣后，才有可能形成一个能够容纳世界一流企业的比较宽阔的市场空间。综合考虑企业内部环境的因素和外部环境的因素的共同作用，学术界在研究企业成长时，一种做法是将影响企业成长的因素分为内源性因素与外生性因素两大类。这其中，内源性因素对应的主要是企业自身用以发现和聚合各种生产性资源的组织管理能力；外生性因素对应于与外部市场环境中的机会相关的因素。

有观点认为，发达国家的世界一流企业是在自然演化状态下成长起来的，由于这些企业经历的时间周期长，历经过的明显的经济起伏波动，因此，企业普遍有相对较强的克服不利环境因素影响的能力，驱动这些企业成长的因素以内源性因素为主；相比之下，后发展的新兴经济体国家的大企业在较短时期里快速发展起来，这些企业的成长尽管受到了内源性因素的驱动，但在更大程度上是依赖于外生性因素的作用的。外生性因素在给企业带来发展机遇的过程中，会助推企业规模实力的不断提升，这将给企业成长带来新的挑战——当企业的管理能力跟不上企业经营活动扩张的步伐时，各种低效或无效使用的冗余资源会在企业内部迅速累积，不断加大企业的运营成本，直到超过企业可利用的生产性资源所创造的价值，此时，企业成长将受到阻滞；反之，如果企业管理能力足以克服各种阻滞因素的挑战，企业将实现可持续成长，并逐步向世界一流企业的方向迈进。

就中国而言，改革开放以来，伴随经济持续快速增长，企业获得了前所未有的发展繁荣的历史性机遇。可以观察到，中国企业在两个方面展现出了发现新的市场机会和创造性地从事生产性活动的卓越能力。一方面，是从市场中获得中低技术资源的能力。中国企业在基本没有什么技术积累，或者说，只有非常低水平的技术基础的情况下，通过引进和吸收国外技术资源，比较迅速地在众多有一定的技术门槛的产业领域形成了强大的竞争能力。在这个过程中，中国企业创造性地聚合了各种低技术水平的生产性资源，从以相对粗放的方式从事各种低技术水平的生产性活动起步发展，再不断地接受产品技术的持续升级与改进，进而持续形成了虽然处于全球中低技术水平但富有成本上的竞争力的产品与服务。

另一方面，是从市场中获得现代企业组织管理知识和经验的能力。在改革开放之前，中国企业组织管理水平非常低弱。1978年，政府开始推动大规模的企业管理人员学习现代化管理知识的培训活动，全面开始引进吸收西方管理学知识；几乎是与此同时，中国管理理论界明确了建立和发展有中国特色的管理理论和管理模式的发展方向。既坚持中国特色，又倡导全面开放地学习，这使得中国企业能够做到广泛地借鉴和汲取各国现代管理知识，并勇于打破知识的边界，将各方面的知识融合起来，灵活、动态地解决不断涌现的需求问题，形成了大量独具特色的生产性活动，并在这个过程中，推动生产组织管理的经验的持续积累。

过去几十年，凭借着上述两方面能力，中国企业不断成长、发展壮大。对外开放和对内改革的时代机遇，为中国企业提供了规模体量足够巨大的国际国内市场，为企业的创新创造活动提供了广阔的容错空间。在加入WTO之后，中国企业快速高效地融入了国际市场体系，成为了"世界工厂"，而这一发展进程，又有力助推了国内大市场体系的快速发展。中国由此成为世界上少有的形成了国内与国际市场同步发展和同步实施良性扩张的双循环结构的大国经济体。成千上万的中国企业通过不断探索和不断试错，实现了快速动态迭代发展，成功建构了微观企业组织与市场体系这二者之间的良性互动关系，促成了一个众多企业共同成长、百舸争流的大好局面。正是在这样的时代背景下，中国特色的世界一流企业，得以逐步成长壮大起来。

（二）从"人口大国"到"世界性大市场"

从全球企业史来看，大企业的加速成长，通常发生在大市场快速扩张和经济持续快速增长的黄金时期。根据雷恩给出的美国企业管理史料，1994年的《财富》500强企业中，193家（占比为39%）具有超过百年的历史。几乎一半企业（247家）是在1880—1920年这段时期成立的，而这段时期的主要特征就是持续提高的大规模生产、大规模营销、交通和通信领域发生的革命。这247家企业往往是在它们的行业中最先进行必要的投资和创造，对开发新技术与新市场至关重要的企业组织。在20世纪后半期，制药、石油化工及航空航天等领域的科技进步，以及采用集成电路技术的ICT企业的崛起，又给工业增长提供了新的动力。500强企业中有将近1/6是在20世纪后半期成立的。以史为鉴，我们可以看到，大市场与大企业的孕育与发展，通常依赖于资本、人力资源或科技资源的高度积聚。

1. 人口规模大的利与弊

从全世界来看，到目前为止，有两个国家，成功拥有了得天独厚的基于人口规模优势的大市场，并将这种基于人口规模优势的市场优势，运用于发展世界一流企业的实践活动中。这两个国家，一个是美国，另一个是中国。美国约早于中国100年进入了上述的大企业与大市场同步扩张的黄金时期。1880—1920年，是世界一流企业加速崛起的重要时期，一大批欧美的大企业就在这个时期发展壮大起来。而后，欧洲国家的大企业因为两次世界大战而受到了严重的冲击，但美国大企业的实力却得到了保全与进一步的发展壮大。它们中的相当一部分都顺利跻身世界一流企业之列。20世纪后半期和21世纪初，美国企业凭借此之前的雄厚经济基础，一次又一次抓住了新技术推动新经济的大市场扩张的重要机遇期，又在这些新兴领域成功地培育了一大批的世界一流企业。

从世界范围来看，人口规模大，有时非但不是一个国家经济社会发展的优势，反而可能是一种劣势。世界人口规模排名前三位的国家，除中国和美国外，还有印度。到目前为止，印度还没有找到将其人口规模有效转化为整个产业体系的国际竞争优势的机制，更没有找到动态提升大规模的人口收入，进而发展出国内大市场，以进一步培育自己的世界一流企业的有效路径。像印度尼西亚、巴基斯坦、尼日利亚、孟加拉国等人口大国，都属于发展中国家。在相当一部分的这类国家和地区，大规模的贫困人口，不仅不能够给其国家创造财富，反而成为拖累国家经济社会进步的沉重负担。

2. 中国的人口大国优势

从20世纪末到21世纪初，中国非常成功地发挥了自身的人口规模优势，并在此基础上，不断形成和巩固了自身的大市场优势。从资源禀赋条件看，中国的最大优势在于，其人口规模远远高于其他国家。1950—1978年，中国人口增量超过4亿人，年均增速2.03%，而同期美国人口增加0.65亿人，年均增速1.24%，同期印度人口增量2.89亿人，年均增速2.06%。尽管中国人口的年均增速略低于印度，但我们的人口增量的绝对值仍显著高于印度。而且，经历了中华人民共和国成立以来的30年的社会主义建设时期，中国的人口素质整体比较高。这意味着，当时中国自身的人口资源条件，已经初步具备了支撑其走出因人口多而拖累经济社会发展的恶性循环的基础。改革开放后，中国成功启动了将人口规模大由劣势转变为优势的良性经济增长机制，并在随后的40年间，有效释放出来了庞大人口规模中蕴含的巨大红利与超级优势。

首先，这40多年间，中国人口的年均增速基本与美国处于同一水平，同期，美国的人口增长超过1亿人，中国的人口增长超过4亿人。目前，中国进入了人口规模相对稳定在14亿人这一水平的新发展阶段。

其次，人口规模优势，使中国成为了全球劳动年龄人口规模最大的国家。改革开放以来，中国劳动年龄人口（15—64岁）规模在2015年达到了接近10亿人的峰值水平，随后稳定在9.9亿人的水平。目前，中国拥有全球劳动年龄人口的1/5，比欧美日劳动年龄人口的总和还要多——美国、欧洲和日本的劳动年龄人口分别为：2.14亿人、3.31亿人和0.76亿人。

再次，除人口规模和劳动人口的规模优势外，中国的人均收入也保持了持续的快速增长。根据2021年9月28日国务院新闻办公室发布的《中国的全面小康》白皮书，1978—2020年，中国居民人均可支配收入从171元增长到32189元，增长了187倍。而且，中国的中等收入群体增长明显。目前，中国中等收入群体数量超过4亿人，与欧美日中等收入群体数量的总和相持平——美国、欧洲和日本的中等收入群体数量分别为：2.1亿人、1亿人、0.85亿人。

最后，人口规模优势与人均收入稳定增长，共同奠定了中国作为全球最重要的新兴市场的经济基础。统计显示，2019年，中国社会消费品零售总额为41.16万亿元，相当于5.97万亿美元，已经超过当年美国5.46万亿美元的零售总额，成为世界第一大消费市场。在住房、汽车、奢侈品等越来越多的重要行业领域，中国也已经成为或正在成为世界第一大消费市场。

上述数据背后的事实是，中国的庞大人力资源顺利地融入了全球生产体系，分享了全球经济增长与社会发展的成果。作为全球化的受益国家，中国成功构建了由自身的得天独厚的人口规模优势支撑起来的生产与消费的大市场。

3. 构筑大市场优势

为什么中国能够像美国一样，成功利用了自身得天独厚的人口资源条件而成功构筑了大市场优势？这其中的关键在于，中国和美国一样，都成功地发展起来了具有竞争力的企业，只有企业，才能够帮助实现一个国家的人口资源禀赋向国际竞争优势的转化。也就是说，任何一个大国的上规模的人口，都需要通过企业配置，与资本、技术紧密结合，才能有效地参与到一个国家的经济社会建设中来。一流企业不仅能够帮助一个国家的人口资源得到有效利用和提升这个国家的国际竞争力，它还可以帮助促进整个国家收入水平的提高。随着越来越多的人力资源参与了全球生产体系，人们的收入水平会呈现稳步增长，这又会滋养这个国家的消费能力和加快繁荣国内市场体系。一旦这个良性循环建立起来，基于人口规模优势的大市场便逐步形成起来。

（三）从"世界工厂"到"世界一流工厂"

中国是如何成功地发展起来了具有竞争力的企业的呢？这主要得益于中国的改革开放政策。钱颖一认为，中国经济改革与发展经验，简言之，即放开和开放。开放，即实行对外开放的政策方针；放开就是放开和搞活市场，具体指两件事，一是把激励搞对，二是让市场起作用。无论是对外开放，还是搞活市场，其实质都是中国政府做出了正确的政策选择，为企业发展提供了有益的制度环境。中国坚持走在建设社会主义的发展道路上，吸收了市场经济体制，使符合市场经济发展要求的各种制度像肥沃的土壤一样，滋养着千千万万户的企业的成长，繁荣了中国的大市场体系。通过开放和放开，中国企业有效融入了全球生产体系。具体实现形式表现为以"分两步走"的方式：先是于新旧世纪交替之际，将中国建设成为了"世界工厂"；随后，又用了20年左右的时间，使一批中国大企业初具了"世界一流工厂"的雏形；在2018年以来的中美经贸摩擦发生后，中国企业经受住了新冠疫情的冲击，正在发生新的积极变化。

1. 建设成为"世界工厂"

在第一个发展阶段，中国企业将中国建设成为了"世界工厂"。20世纪八九十年代，外资企业开始进入中国，中国的劳动力和土地等要素成本低的优势吸引它们将生产部门不断转移到中国来，这样的经营活动，逐渐将中国带入了全球生产体系。根据联合国贸发组织的《2001年世界投资报告》，《财富》500强公司中有近100家在中国投资了2000多个项目，世界主要的ICT产品及其他重要的工业产品制造企业都将其生产网络扩展至了中国。几乎与此同时，中国民营企业凭借自身的体制机制灵活的优势，在众多的劳动密集型产业领域快速崛起，它们开放地汲取国有企业和外资企业的技术与管理优势，从承接国外转移的低端制造业和出口加工业务起步发展，不断提高自身满足国内国外市场需求的能力。

到20世纪末、21世纪初，作为全球唯一一个拥有联合国产业分类中全部工业门类的国家，中国拥有最完整的工业体系，而且，该工业体系中的一大批中国企业在服装、电子、家电、汽车等劳动密集型产业形成了不容小视的生产，成为了世界重要的工业产品供应基地。从区域分布情况看，在中国东南沿海，多个区域的经济模式因为拥有繁盛的民营企业组织的产业集群，而被人们概括为大家所熟知的：温州模式、苏南模式、义乌模式、晋江模式、东莞模式，等等。这些不同区域的民营企业又各自形成了自己独具特色的优势产业领域，在国内外市场竞争中初露头角。

2001年，日本国际贸易和工业部在发布的一份白皮书中，第一次将中国称为"世界工厂"。不过，在这个发展阶段，中国企业的优势仍然主要体现在世界普通工业产品与中低端、初级产品的制造领域，与世界一流企业相比，个体中国企业的生产规模仍然是整体偏小的，技术实力也相对较弱。

2. 努力建设"世界一流工厂"

进入第二个发展阶段的标志性事件是，2001年12月11日，中国正式加入WTO，这为中国企业全面深度融入全球市场体系打开了更大的机会窗。在激烈的全球竞争中，以华为、吉利、海尔、海信、美的等为代表的一大批中国大企业持续发展壮大，随着这些企业在不同产业领域内日益成为世界市场上的重要参与者，"中国制造"的国际竞争力得到了不断的巩固和提升。2010年，中国制造业占全球的比重为19.8%，跃升为世界第一制造大国。在世界500种主要工业品中，中国有200多种产量居全球首位。自2010年以来，中国制造业增加值已连续12年位居世界第一。

与第一个发展阶段的发展特点相比较，在第二个发展阶段，中国制造企业除了在已有的优势产业领域继续大幅提升生产规模外，还逐步将竞争优势从以轻纺工业、低端的ICT代工环节为代表的劳动密集型产业，拓展至更广泛的ICT、汽车、船舶、工程机械和装备等资本密集型与技术密集型产业。在这转型升级的过程中，中国企业在研发设计、制造质量与效率等方面的表现得到了持续改进。以企业研发支出占销售收入比例为例，这是反映企业技术实力的重要指标。在20世纪末，中国大企业的该指标值普遍低于1%的水平，经过十几年、二十年的努力，相当数量的大企业的该指标值达到了3%左右的水平。根据华为公司发布的《2021可持续发展报告》，该公司2021年的研发费用支出为1427亿元，占全年收入的22.4%，跻身全球仅有的六家研发支出超过200亿美元的一流公司之列。

除掉传统产业领域的大企业外，中国企业抓住了弯道赶超的机遇，发展出来了以比亚迪、大疆为代表的一大批创新型企业，从无到有地培养起来了一系列的有国际竞争力的一流产品与服务的生产制造能力。2022年，日本专家拆解了五菱宏光顶配版电动车MINI EV，全车没有一个日本零部件，总计成本不足2.7万元，已经超出了日本汽车制造企业的成本极限。这为中国大企业的先进制造能力提供了有力的证据。总体看来，随着越来越多的中国企业不仅在大量的低技术领域成为全球制造基地，而且在更加广泛的中等技术领域形成全球最富有竞争优势的制造能力，中国与工业发达国家之间的一部分发展差距有效缩小了。

3. 2018年以来的积极变化

自2018年中美经贸摩擦以来，受贸易保护主义思想的影响，世界各国越来越重视本地的产业链供应链安全问题，致使国际市场环境日趋严苛和具有高度的不确定性。在高科技领域，美国持续打压和限制以华为、海康威视为代表的中国企业，频频阻滞中国企业的先进技术的来源。美国政府还企图将中国的优势企业从全球价值链体系中驱离，不惜中断全球化进程，大搞对华"脱钩断链"。这些不利的环境因素，给中国企业的成长带来了一定程度的挑战。面对复杂多变的国际市场，一大批中国企业仍然坚持全球化产业布局的战略理念，积极顺应全球价值链调整的新形势变化，稳健推动海外产业布局。

以美的公司为例，该公司从2015—2022年，完成了对全球四大智能机器人龙头之一的KUKA的100%的股权收购。根据美的战略规划，在2022年中期，美的集团机器人使用密度已超过440台/万人，未来两年，将进一步加大投入以实现700台/万人的目标。事实上，从2007年起，美的公司就先后在越南、白俄罗斯基地、埃及等国家建立了海外生产基地，又将海外业务拓展到拉美地区。2016年，还并购了东芝家电业务。

再以TCL公司为例，该公司也完整地走过了代工、建设国内生产基地、发展产品出口贸易、建设海外生产基地、跨国并购、全球化经营，再到建立全球产业链供应链的全过程。1999年，该公司迈出了国际化的第一步，在越南建立了海外生产基地。2020年，在全球疫情的背景下，TCL在墨西哥MASA工厂投产。2022年，TCL的李东生强调，要"将全球化进行到底"，适应全球贸易规则的新变化，积极探索从输出产品转变到输出工业能力。通过有序向海外基地输送彩电整机配装环节的同时，TCL有效稳固住了国内的核心零部件、材料和装备的产能及出口业务。

在中国领先的新能源汽车行业领域，中国大企业在实施生产能力布局的同时，也开始向外输出技术和标准。2019年7月，中国国家电网公司与巴西电力公司签署了《巴西美丽山特高压输电项目合作协议》，这是中国特高压技术首次走出国门。2020年1月，比亚迪承揽了在巴西巴伊亚州首府萨尔瓦多修建的云轨项目，这是全球首条搭载中国自主知识产权的无人驾驶跨座式的跨海云轨项目。这一年5月，比亚迪又承揽了圣保罗市的轨道交通17号线云轨项目。2020年，中车公司承担了葡萄牙的波尔图地铁列车项目，是中国首个出口欧盟城轨项目的项目。在此项目中，中车公司除了严格执行了欧盟标准外，还就项目对轨道车辆的VOC（挥发性有机化合物）排放没有特定的标准要求的情况，执行了中国国家铁路局在2021年3月发布的铁道行业技术标准，并获得了业主方波尔图地铁公司的认可。2022年10月，宁德时代向越南电动车明星企业Vinfast输出了一体化智能底盘专利技术。

（四）发展中国特色的生产组织管理模式

以下立足中国企业发展实际，去概括和总结中国企业在生产组织管理实践活动中最具特色的三个方面的因素，这些因素成就了过去相当长一段时期里中国经济持续增长的辉煌，也将助力于未来的中国世界一流企业的培育与可持续发展。

1. 坚持兼容于多重制度逻辑的基本经济制度

中国奉行社会主义市场经济体制，中国的基本经济制度是坚持公有制为主体、多种所有制经济共同发展。中国的基本经济制度，不同于世界上大多数发达市场经济国家的经济制度，后者以单一的私有制企业为微观经济主体，中国的微观经济主体既包括民营企业，也包括国有企业，还包括为数众多的混合所有制企业，呈现出同时兼容于多重制度逻辑的鲜明特点。中国的基本经济制度决定了，不同所有制特征的企业，各自在以相对适合于自身企业制度特点的方式和路径，培育和壮大未来中国的世界一流企业。

从经济布局与结构特点看，国有企业主要集中在关系国家安全、国民经济命脉以及国计民生的重要行业和关键领域。在国有企业群体中，具有培育世界一流企业潜力的企业，普遍具有经营规模大和综合实力强的特征。早在2010年中国成为了仅次于美国的世界第二大经济体之时，国有企业便开启了建设世界一流企业的实践探索步伐。当时，为中央企业设定的世界一流企业的主要发展特征是：主业突出，公司治理良好；拥有自主知识产权的核心技术和国际知名品牌；具有较强的国际化经营能力和水平；在国际同行业中综合指标处于先进水平，形象良好，有一定的影响力。

2013年，国资委印发了《中央企业做强做优、培育具有国际竞争力的世界一流企业要素指引》（国资发改革〔2013〕17号）和《中央企业做强做优、培育具有国际竞争力的世界一流企业对标指引》（国资发改革〔2013〕18号），明确提出了世界一流企业应当具备的13项要素及其各自对应的要素体系，将对标视作为做强做优、培育世界一流企业的重要工作抓手。五年后，国资委提出，打造世界一流企业，需要做到"三个领军""三个领先"和"三个典范"，即"三个三"目标。其中，"三个领军"，就是要成为在国际资源配置中占主导地位的领军企业、引领全球行业技术发展的领军企业、在全球产业发展中具有话语权和影响力的领军企业。"三个领先"，即效率领先、效益领先、品质领先。"三个典范"，即：一是要成为践行绿色发展理念的典范；二是要成为履行社会责任的典范；三是要成为全球知名品牌形象的典范。从 2018 年开始，越来越多的中央企业开始将建设世界一流企业的思路融入企业战略规划中去。一些中央企业提出了打造世界一流企业的时间表和路线图。2019 年，国资委将航天科技、中国石油、国家电网、中国三峡集团、国家能源集团、中国移动、中航集团、中国建筑、中国中车和中广核集团这 10 家中央企业列为创建世界一流示范企业。2020 年，又增加了中国宝武。入选示范企业的中央企业的共同特点是主业突出、竞争优势明显，基本达到了"三个领军"的目标要求；同时，在公司治理、集团管控、人才队伍建设等方面表现突出，具备成为世界一流企业的基础条件。

2022 年 2 月 28 日，习近平总书记主持召开中央全面深化改革委员会第二十四次会议，审议通过《关于加快建设世界一流企业的指导意见》，进一步明确要加快建设一批产品卓越、品牌卓著、创新领先、治理现代的世界一流企业。这次会议表明，从国家层面看，加快建设世界一流企业，不再仅仅是国资监管部门引导和要求部分国有企业先行先试的发展职责与任务，而是不同所有制企业都必须要认真思考与严肃对待的时代性议题了。从实践情况看，近年来，民营企业也越来越重视自身培育和发展世界一流企业的任务。与世界一流企业相比，民营企业在规模上总体处于相对弱势的地位，据统计分析，世界一流企业的营收规模水平大约为中国民营企业的营收规模水平的 4—10 倍。不过，中国的专精特新企业和单项冠军企业以民营企业为主，其中的一部分企业已经在自己的专业领域内拥有相对突出的技术研发优势和一定的国际竞争力，有能力在细分市场向世界一流企业对标看齐。

正由于中国在微观经济的所有制构成上所呈现出来的独特的生产组织管理体制，奠定了当前中国不同所有制企业共同繁荣、共同发展以及经济社会发展取得持续进步的经济基础。党在基本经济制度上始终坚持"两个毫不动摇"的政策方针，对不同所有制企业一视同仁，这有助于发挥不同所有制企业在探索世界一流企业发展路径时的积极性和主动性，使之能够各自发挥出对中国经济社会发展的应有贡献和作用。

2. 繁荣具有多样性和强适应性的企业家精神

从经济史研究的视角来看，唯有必要的社会经济制度架构予以支撑，一个社会才能够不断涌现出市场机会，真正地鼓励培育和释放企业家精神。经过改革开放40多年的发展和工业化进程的不断深化，中国逐步形成了比较有利于企业家精神发展的社会氛围。在相对包容与宽松的环境里，当代中国企业家精神的样本切片，展现出了无可比拟的复杂性和多样性。中国企业家精神的持续繁荣，使之逐步具备了培育和发展未来的世界一流企业的巨大潜力。当前，可以预见的新的市场机会及其中孕育的世界一流企业的发展机会将主要来自以下三个方面。

首先是数字化。在数字经济时代下，世界一流企业的发展必然被打上数字化与智能化的深深烙印。世界一流企业将是最具代表性的数字企业，从设计、生产、物流到销售以及人力、财务等各个管理环节，能够不断生成各类结构化和非结构化的信息与数据流，并在此基础上形成强大的数字化经营管理的竞争力，以捕捉能够帮助有助于实现未来美好生活的丰富多彩的市场机会———尽管某些方向上的市场机会被高估和被投资泡沫充斥，但超出大众想象力的高增长的市场机会仍然有待进一步发现。

其次是绿色化。绿色发展是实现全球可持续发展的必要条件。进入21世纪，世界上越来越多的国家将绿色化作为科技革命和产业变革的重要方向。世界一流企业势必应该成为引领全球绿色发展的企业主力。2021年7月，商务部、生态环境部联合印发了《对外投资合作绿色发展工作指引》，明确提出了要加快建设绿色经济领域世界一流跨国企业。

最后是国际化。尽管受到了中美经贸摩擦的阻滞和美国对中国在高科技领域的持续的脱钩、断链与压制，但以发展世界一流企业为使命的中国企业仍然需要坚定地依托"一带一路"倡议来拓展全球市场空间。随着海外发展经验与经营管理技能的成熟化以及对外交互的活跃化与优化，这些有望成为世界一流企业的中国企业必将在行为规范上日益与发达国家的高标准和严要求接轨，并有望带动为数众多的后发展国家的企业加快成长，激活更丰富的潜在市场机会。

与现有的世界一流企业相比，中国未来的世界一流企业因拥有独特的企业家精神，而具备有适应更加复杂的制度结构及与之相对应的更加复杂且多样态的市场环境的能力，因而也具备在数字化、绿色化和国际化三个方面探索出新发展路径的巨大可能性。

3. 影响企业决策与目标的可持续文化价值观

世界一流企业的竞争，究其本质，并不仅仅是科技与经济实力的竞争，更是代表先进文明与社会秩序的领导话语权力的竞争。世界一流企业所弘扬的诚信守业和公平竞争的商业精神，本身也是人类文明的重要组成部分。21世纪的世界作为一个整体，正面临政治经济秩序重构的新挑战。当下，西方世界已经表现出来了文化价值观上的衰退特征，人类社会面临的重大挑战是要突破现存的西方话语体系对我们的社会文明的未来可能性的限制与束缚。在此过程中，我们迫切需要寻求来自西方世界之外的智慧。

中国是历史悠久的文化大国，拥有深厚的文化思想传统。在现代化进程中，我们受到了西学东渐的单一现代化思潮倾向的较强作用。近年来，随着各国民族主义情绪的兴盛，中国的文化传统中的一些有益的精神元素正在复兴。它们同过去百年间，特别是中华人民共和国成立以来我们在经济社会建设中积累起来的相对现代化的文化元素合流与汇聚，进化出来了新的驱动现代商业进步的精神力量。这构成了中国企业经受和克服各方面阻滞因素的考验和加快培育世界一流企业的文化价值观资源和有利的基础条件。从管理理论与实践视角来分析，西方企业管理普遍强调产品技术创新、战略和组织结构等"硬"因素在企业经营管理决策中的重要性，相形之下，研究东方企业管理的学者更加看重"软"因素在企业经营管理决策中的重要性。早在20世纪80年代，日本学者威廉·大内就强调了企业文化的作用。受日本学者的影响，美国开始在管理研究领域关注文化与价值观的重要性，在科学管理之外，强调管理实践中的艺术一面的重要作用。野中郁次郎认为，应该从目标管理转向理念管理。与美国现代管理思想相比，日本学者的管理见解，相对更加贴合实践中的中国企业管理实践。

改革开放以来的40多年，中国企业从比较弱小的状态起步发展，大多数的企业在相对短的时间里迅速成长起来，到目前为止，仍处于企业组织管理形态相对稚嫩的发展阶段，且在成长过程中不断受到各种环境变化因素的冲击，这使得我们的企业还没有形成像西方大企业组织那样的顽固的官僚体制，中国企业内在的文化价值观仍然能够支撑企业在不太有利的环境下持续保持企业成长与扩张的活力，从而有希望培育出一个个世界级的组织。展望未来，中国世界一流企业的竞争力，不仅需要与西方的"硬"的先进科技紧密相关，更需要深深根植于东方的"软"的文化价值观系统，通过二者在未来的全球市场竞争中的交叉作用，中国企业将会持续形成与高度动态多变的经营环境相适配的强大竞争能力。

（五）迎接加快培育世界一流企业的三重挑战

面向未来，我们要清醒地看到，在中国培育世界一流企业的雄心日益昂扬之际，也正在迎来一些阻滞我们企业成长的因素的艰巨挑战。从近年间的全球价值链重构过程中，我们看到，全球企业之间知识传播的链条在发生调整与重新配置，并对中国企业产生了高不确定性的影响。

在当前机遇与挑战并存的形势下，中国的一大批优势企业必须直面市场竞争实战层面的严苛检验——能否通过检验，将取决于我们企业的自身实力与能力。李寿生（2020）指出，

"我们同世界一流跨国公司的差距，不仅是战略层面的，更是整体性的"。以石油化学工业为例，中国有近 3 万家规模以上的企业，但问题在于："在目前和未来，谁能够代表中国的石油和化学工业？在美国，有陶氏化学公司和杜邦公司代表高度发达的美国化学工业水平，在德国，有巴斯夫公司和赢创公司代表德国的化学工业水平，而在日本则有三菱公司以及三井化学公司代表日本的化学工业水平。在中国谁能站出来说，我能代表中国？"今天及未来相当长的一段时间，这个问题，将反复拷问中国各行各业的企业。在特定行业领域，要有资格成为代表国家最高能力的企业，进而再成为具有世界一流水平和能力的代表性企业，这意味着，一个企业需要成功应对以下的三重挑战。

1. 创造世界一流的产品技术

一流的产品与服务，是世界一流企业的立身之本。唯有凭借卓越的产品与服务水准，世界一流企业才能奠定自己在全球激烈竞争中不可撼动的优势地位。更为重要的是，世界一流企业应拥有定义其所在产业领域的、最先进的产品技术标准的素质、能力与权威。要做到这一点，一方面，需要以世界一流企业在前沿技术领域的硬实力作为实现保障；另一方面，则需要以世界一流企业在全球市场体系中的话语权和影响力来提供必要支撑。

近年来，中国位列世界 500 强的企业数量持续增长，不过，真正能凭借业界公认的声誉卓越和技术领先的先进产品与服务而跻身于全球企业前列的一流企业屈指可数。中国企业拥有比较突出的规模体量优势，但企业做大本身，并不必然保证向做强、做优的跃变。企业做强、做优与否，只能取决于这个企业是否拥有其竞争对手无法比拟的、一流的产品与服务的供给能力。

具体而言，中国企业的竞争劣势体现为以下三点：首先，除一部分产业优势企业具备提供品质相对比较高的产品技术的能力外，从总体上讲，中国企业在产品供给品质上的表现参差不齐。根据2019年麦肯锡全球研究院发布的研究报告《中国与世界：理解变化中的经济联系》，2017年中国的知识产权进口额为290亿美元，而知识产权出口额仅为50亿美元左右（为进口额的17%）。中国技术进口来源集中于三个国家，分别是美国（31%）、日本（21%）和德国（10%）。这些数据表明，在高品质的、关键性的和前沿性的产品技术领域，欧美日发达国家的世界一流企业仍然是主要的供应主体，中国企业与之相比，仍有较大的差距。

其次，在定义和引领面向未来的、前沿性的世界级产业技术的产品需求方面，中国企业的素质与表现亟待提升。世界一流企业的竞赛，本质上是商业世界未来领导权之争。因此，世界一流企业会选择将相当一部分资源投入于未来五年以后的下一代的产品和解决方案。相比之下，中国企业在面向未来的新兴产业技术领域，整体仍偏于保守与落后，在瓶颈环节受竞争对手扼制的矛盾非常突出。谷歌公司制定了7：2：1战略投资法则，即：70%资金投入现有业务，20%资金投入成长业务，10%资金投资于未来业务（成海清，2021）。按照这一标准，中国企业能做到将10%的资金用于投入未来业务的，为数寥寥。

最后，世界一流的产品技术，是支撑企业较高投资收益水平的基石。像英特尔公司是一家拥有世界一流的产品技术的代表性企业，该公司存续时间超过了半个世纪，近年来，公司营业收入保持在700亿美元以上，净利润为200亿美元左右。由于缺乏世界一流的产品技术，中国企业盈利能力普遍不尽如人意。根据《财富》杂志发布的最新的"2022年财富中国500强排行榜"，排名前20位的企业，半数是商业银行和保险公司，其他为腾讯、阿里巴巴、中国移动、中国石油、中国石化、中海油、中远海运、科兴生物、茅台。华为不在此排行榜之列，像它一样能凭借一流的产品技术而保持高盈利水平的企业，是较罕见的。

上述三点劣势构成了不利于中国企业未来发展的负面因素，它们彼此间还有相互制约的关系。如果一个企业暂时拥有了相对高品质的产品供给能力，但缺乏对未来产业技术的引领能力，那么，这个企业仍然难免缺乏中长期的高投资收益的保障。与之相类似，如果一个企业没有高收益水平的保障，通常也就很难拥有对未来产业技术的投资实力，这又会削弱企业提供高品质产品的能力。对这些环环相扣的不利因素，中国企业需要创造性地突破它们的掣肘，确保自身在前沿技术领域不受制于人，才有可能在全球产业体系中实现自身生产地位的稳步攀升，并最终成长为名副其实的世界一流企业。

2. 塑造世界一流的商业生态

当一个企业拥有了在特定产业领域创造世界一流的产品技

术的能力后，它随即将面临如何向更加广泛的业务领域拓展发展空间的挑战，需要去学会处理与更加复杂的市场环境及跨区域市场环境中的多方利益主体进行资源交换与谋求合作的问题。在传统的工业革命时代，这一转变往往对应于多元化战略、投资组合式的战略安排或战略联盟。在当前的互联网和物联网时代，这一转变则对应于高度平台化和生态化的、持续创新商业模式的经营活动。我们可以将这一趋势概括为穆尔（James F. Moore）提出的"商业生态系统"的竞争模式。在商业生态竞争中，技术的重要性会降下来一些，整个业务体系对上下游合作伙伴各种生产性资源的调配效率将成为更为重要的问题，这其中的核心问题是商业生态系统中的主导企业能否不断发掘市场机会，紧密围绕用户需求来进行及时与高效的响应，最终实现经济社会价值。

21世纪以后崛起的世界一流企业，基本是凭借基于互联网、大数据和数字技术应用的商业生态系统制胜的一流企业。而且，这些拥有世界一流的商业生态的企业，往往还拥有极致的经营效率和超高的业绩水平。例如，亚马逊打造了全球最庞大的线上零售的商业生态系统，该公司从以书籍为主的自营电商业务起步，不断扩充经营品类，到开放第三方卖家平台服务，再到今日，已经发展成为了一个集成自营品牌电商和平台电商的超级综合体。亚马逊的先进的运营中心作为业界遥遥领先的效率标杆，每天能够处理超过100万件商品，库存准确率保持在99.99%以上。再如，苹果实现了从乔布斯领导下的追求做极致的产品的一流企业，向库克领导下的做软硬件一体化的大商业生态企业的转变，从而成为了有史以来第一家市值突破 1 万亿美元的领先企业。据美国咨询公司 Analysis Group（2021）的研究，苹果的 App Store 为用户提供 180 万款应用程序。以 App Store 为核心的商业生态系统创造了逾 75 个以 iOS App 为业务核心的上市公司或被收购的公司，这些公司上市或出售时的企业价值累计超过 5100 亿美元。

在中国，阿里巴巴、腾讯、小米、字节跳动等一部分优势企业已经连续多年在布局和拓展自己的商业生态系统，这些企业的产品与服务类型多样性、构成复杂，有积极开拓海外市场和推动业务资源全球配置的经营行动。像阿里巴巴，除了国际国内的核心商业平台外，还拥有菜鸟物流网络、阿里云和钉钉、数字媒体及娱乐，以及高德等本地生活服务和创新型业务。再如，字节跳动从今日头条的基于算法的新闻推荐服务起步，发展成为了聚合类的资讯内容服务平台，现在，又在尝试向国际化的、综合性的内容媒体与文娱生态体系延伸。在传统产业领域，也有一些优势企业在积极发展商业生态系统。例如，海尔倡导的是发展生态链群，将小微及小微合作方的多种不同业务聚合在一起，形成经济联合体，以共同创造用户体验的持续迭代（张瑞敏，2022）。再如，中材国际致力于引领中国乃至世界水泥工业发展，除了技术创新外，该公司还带动了 6000 多家上下游企业及其产品走出国门（胡浩，2022）。

在看到中国企业可喜的成长成果的同时，我们也要冷静地看到：一方面，与亚马逊和苹果这样的世界一流企业相比，我们的企业在综合实力、运营效率、管理能力和规范治理等很多方面都存在短板。随着企业的商业生态系统日趋繁复化，这些短板随时有可能对企业的进一步成长构成束缚与阻碍作用。另一方面，近两三年，国内外企业政策的频频调整，对一部分发展势头较猛的优势企业，造成了不同程度的冲击，加大了企业的商业风险。上述这些问题，构成了中国企业在迈向世界一流企业的过程中，无法回避的压力与必须要克服的挑战。

3. 打造世界一流的品牌声誉

所有的世界一流企业都奉行长期主义，持续性地投入了丰裕的资源，用以提升自己的品牌形象与公司声誉。优良的企业品牌声誉之所以如此重要，是因为它是一个企业各方面资源与能力予以浓缩后的最终成果。当一个企业提供的产品和服务是为客户所认可的，创造的财务业绩是令全体股东和投资人满意的，奉行的经营理念与经营行为是让各利益相关方信任的，这样的企业将赢得人们广泛的情感认同、喜爱与尊敬，这也就是我们常说的拥有优良的品牌声誉。企业的品牌声誉，不同于企业的产品技术、商业生态，后者具有有形属性，前者与后者紧密相关，却又不仅仅止于后者，而是具有同看不见、摸不着又难以复制的企业核心竞争力相似的无形属性。在实践中，企业品牌声誉建设，往往与企业文化、公司治理与企业社会责任等热点议题紧密联系在一起。一个企业愿意积极主动地参与解决社会问题和促进社会进步，甘于为社会作贡献和承担社会责任、社会义务，这也是品牌声誉优良的企业的重要的行为特征。

中国企业与世界一流企业相比，有显著的差距。此差距在企业品牌声誉的维度上，表现得比在产品技术的维度上更加突出。首先，中国企业仍然主要处于注重企业经济价值的发展阶段，相对忽略了在企业社会形象、公司声誉等方面的价值使命的担当。未来，只有在与价值或价值观相关的行为表现上有所建树和突破时，我们的优势企业才有可能真正接近于世界一流企业（黄群慧等，2017）。其次，全球经济的数字化与绿色化趋势，助推了世界一流企业对无形资产投资强度的稳步增长，无形资产的快速积累，对企业品牌声誉的贡献日益显著。中国有不少企业仍集中在传统产业、基础性和资源性领域，加快数字化和绿色化转型的发展任务非常重，构建优良的企业品牌声誉的难度也相对比较大。最后，在国际社会交往中，中国企业维护品牌声誉和履行社会责任的一些行为方式，不一定为其他国家的受众所接受。由于文化习俗和社会制度的不同，中国企业同西方国家的企业相比较，二者在文化与制度上存在天然的距离。长期以来，以美国为代表的西方世界，在国际秩序和国际社会话语体系中掌握了主导权。中国企业实施较大规模国际化的发展历史相对比较短，对各国文化与制度的情况有待进一步熟悉，在国际社会交往活动中的参与度也有待进一步提高。加之当前的全球化进程正面临转向与深度调整，国际社会中有一些不太和谐的杂音，这种氛围加大了中国企业提升品牌声誉的环境阻力。

综上所述，面对当前的复杂形势，中国企业更加需要发挥迎难而上的精神，不仅要创造性地解决创造一流产品技术和塑造一流商业生态的问题，还要解决好打造一流品牌声誉的问题。中国企业需要深入思考，如何更有效地融入国际社会和国际市场体系，如何学会适应不同国家、不同受众的心理需求特点，以人们喜闻乐见的商业交往方式与沟通形式，推动传播积极的和正面的企业形象,不断增进自身和世界之间的互信与了解。

总之,中国企业正处在一个关键性的历史节点上,在克服多方面阻滞因素的挑战后,我们必将迎来世界一流企业加速成长的难得的时代机遇。

参考文献

习近平：《高举中国特色社会主义伟大旗帜　为全面建设社会主义现代化国家而团结奋斗——在中国共产党第二十次全国代表大会上的报告》，人民出版社2022年版。

曹培玺：《世界一流企业的八个特征》，《现代国企研究》2012年第12期。

常青青、刘海兵：《世界一流企业的科技创新管理机制——基于德国西门子公司的案例研究》，《中国科技论坛》2022年第4期。

陈春花：《中国企业迈向"世界一流"的四个内在要素》，《清华管理评论》2019年第7—8期。

陈俊龙、齐平、李夏冰：《企业家精神、企业成长与经济增长》，《云南社会科学》2014年第3期。

陈秋：《新发展格局下创建世界一流企业的发展战略》，《现代国企研究》2021年第12期。

陈书静、王洪涛：《建党百年基本经济制度的历史超越、建构逻辑与现实启示》，《重庆社会科学》2021年第8期。

成海清:《世界一流企业的 10 项关键最佳实践》,《企业管理》 2021 年第 2 期。

储天晴:《具有全球竞争力的世界一流企业的内涵与标准初探》 2018 年第 27 期。

崔新健、欧阳慧敏:《中国培育具有全球竞争力的世界一流企业:进展、差距和策略》,《经济学动态》2020 年第 5 期。

德勤华永会计师事务所:《对标具有全球竞争力的世界一流企业——国际前瞻视野 领航管理创新》,中国经济出版社 2019 年版。

德勤华永会计师事务所:《对标世界一流企业——做优做强,管理提升之路》,经济管理出版社 2013 年版。

董志强、魏下海、汤灿晴:《制度软环境与经济发展——基于 30 个大城市营商环境的经验研究》,《管理世界》2012 年第 4 期。

傅晓霞、吴利学:《制度变迁对中国经济增长贡献的实证分析》,《南开经济研究》2002 年第 4 期。

韩晶、朱洪泉:《经济增长的制度因素分析》,《南开经济研究》 2000 年第 4 期。

胡鞍钢、马英钧:《中央企业:从经济支柱迈向世界一流》, 《现代国企研究》2018 年第 1—2 期。

胡鞍钢、徐枫、郭楠:《中国特色世界级企业构建之道——对"海航现象"的经验研究》,《贵州社会科学》2013 年第 7 期。

胡浩:《为梦想继续飞翔——专访中国中材国际工程股份有限公司党委书记、董事长刘燕》,《中国建材》2022 年第 1 期。

胡华夏、喻辉：《企业国际竞争力评价方法研究》，《统计与决策》2005 年第 1 期。

黄群慧、倪红福：《中国经济国内国际双循环的测度分析——兼论新发展格局的本质特征》，《管理世界》2021 年第 12 期。

黄群慧、余菁、王涛：《培育世界一流企业：国际经验与中国情境》，《中国工业经济》2017 年第 11 期。

黄先海、宋学印：《赋能型政府——新一代政府和市场关系的理论建构》，《管理世界》2021 年第 11 期。

蒋福佑、周偶然：《世界一流企业的内涵研究》，《中国电业》2019 年第 1 期。

金碚：《工业的使命和价值——中国产业转型升级的理论逻辑》，《中国工业经济》2014 年第 9 期。

金碚：《企业竞争力测评的理论与方法》，《中国工业经济》2003 年第 3 期。

金碚：《中国经济 70 年发展新观察》，《社会科学文摘》2019 年第 12 期。

金玉国：《宏观制度变迁对转型时期中国经济增长的贡献》，《财经科学》2001 年第 2 期。

靳卫东、高波：《企业家精神与经济增长：企业家创新行为的经济学分析》，《经济评论》2008 年第 5 期。

蓝海林：《建立"世界级企业"：优势、路径与战略选择》，《管理学报》2008 年第 1 期。

李泊溪：《世界一流企业发展思考》，《经济研究参考》2012 年第 10 期。

李宏彬、李杏、姚先国、张海峰、张俊森：《企业家的创业与创新精神对中国经济增长的影响》，《经济研究》2009年第10期。

李锦：《建设世界一流企业的目标使命与实现途径》，《现代国企研究》2022年第8期。

李珮璘：《中外跨国公司国际竞争力的比较研究》，《世界经济研究》2015年第4期。

李寿生：《如何成长为具有国际竞争力的一流公司——中国石化企业应该向跨国公司学习什么？》，《清华管理评论》2020年第12期。

李维安、王辉：《企业家创新精神培育：一个公司治理视角》，《南开经济研究》2003年第2期。

李晓华：《技术推动、需求拉动与未来产业的选择》，《经济纵横》2022年第11期。

李晓华：《增强制造业根植性》，《中国中小企业》2021年第6期。

李新春：《资本市场与中国企业家成长：现状与未来、问题与建议——2011·中国企业经营者成长与发展专题调查报告》，《管理世界》2011年第6期。

李政、刘涛、敬然：《培育世界一流中国汽车企业：差距、潜力与路径》，《经济纵横》2022年第3期。

林毅、何代欣：《经济制度变迁对中国经济增长的影响——基于VECM的实证分析》，《财经问题研究》2012年第9期。

林毅夫、潘士远、刘明兴：《技术选择、制度与经济发展》，《经济学（季刊）》2006年第2期。

刘泉红：《加快建设世界一流企业》，《学习时报》2023年3月

8日第1版。

刘瑞明、兀延锟:《企业的力量:"大分流"视野下的世界一流企业构建》,《人文杂志》2018年第3期。

刘文革、高伟、张苏:《制度变迁的度量与中国经济增长——基于中国1952—2006年数据的实证分析》,《经济学家》2008年第6期。

刘元春:《经济制度变革还是产业结构升级——论中国经济增长的核心源泉及其未来改革的重心》,《中国工业经济》2003年第9期。

刘郑国:《实施多元化战略 打造国际一流船舶集团》,《经济日报》2011年11月10日第6版。

刘智勇、姜彦福:《新创企业动态能力:微观基础、能力演进及研究框架》,《科学学研究》2009年第7期。

鲁传一、李子奈:《企业家精神与经济增长理论》,《清华大学学报》(哲学社会科学版)2000年第3期。

路风:《中国经济为什么能够增长》,《中国社会科学》2022年第1期。

路风、何鹏宇:《举国体制与重大突破——以特殊机构执行和完成重大任务的历史经验及启示》,《管理世界》2021年第7期。

吕多加:《加强风险管理能力》,《经济日报》2011年11月11日第6版。

罗兰贝格管理咨询公司:《中国如何造就全球龙头企业》,《中国工业评论》2017年第7期。

罗珉、赵红梅:《中国制造的秘密:创新+互补性资产》,《中国工业经济》2009 年第 5 期。

麦肯锡：《完善系统对标，推动管理转型，打造世界一流企业》，2012 年。

潘涛、万宏、吴谋远、张卫忠、徐凤生、包力庆、陈祺：《世界一流石油企业评价指标体系构建及应用》，《国际石油经济》2019 年第 7 期。

彭麟、李于达：《世界一流企业动态基本特征及实施路径："中国电力企业管理创新实践（2019 年）"》，中国标准出版社 2020 年版。

邱江勇：《TCL 董事长李东生：全球化发展要有底线思维》，《中国电子报》2022 年 5 月 13 日。

宋志平：《从奔驰汽车看"世界一流"》，《可持续发展经济导刊》2019 年第 5 期。

苏杰芹：《我国培育世界一流企业的现状及对策研究》，《经营与管埋》2022 年第 12 期。

唐任伍、孟娜：《建设世界一流企业，中国还有多远》，《企业文明》2020 年第 8 期。

陶少华：《明确目标　找准差距　合力推进》，《经济日报》2011 年 11 月 10 日第 6 版。

田国强、陈旭东：《制度的本质、变迁与选择——赫维茨制度经济思想诠释及其现实意义》，《学术月刊》2018 年第 1 期。

王丹、刘泉红：《加快建设世界一流企业　促进形成新发展格局》，《宏观经济管理》2021 年第 5 期。

王尔京：《新中国成立以来基本经济制度形成发展的理论逻辑与实践逻辑》，《管理世界》2022 年第 3 期。

王军、邹广平、石先进：《制度变迁对中国经济增长的影响——基于 VAR 模型的实证研究》，《中国工业经济》2013 年第 6 期。

王润秋：《中国企业，如何迈向世界一流》，《中国人力资源开发》2014 年第 8 期。

王欣：《党的十八大以来中央企业建设世界一流企业的实践探索与基本经验》，《改革》2023 年第 2 期。

王秀娜、李军：《世界一流发电企业核心要素研究》，《中国电力企业管理》2019 年第 10 期。

王毅：《以领先文化体系推动企业建设》，《经济日报》2011 年 11 月 11 日第 6 版。

王勇：《坚持科学发展 着力做强做优 培育具有国际竞争力的世界一流企业》，《中国总会计师》2011 年第 2 期。

巫云仙：《中国企业管理七十年：博采众长·融合创新·渐成一体》，《清华管理评论》2019 年第 10 期。

夏杰长：《中国式现代化视域下实体经济的高质量发展》，《改革》2022 年第 10 期。

肖红军、阳镇：《新中国 70 年企业与社会关系演变：进程、逻辑与前景》，《改革》2019 年第 6 期。

肖红军：《共享价值、商业生态圈与企业竞争范式转变》，《改革》2015 年第 7 期。

肖红军、郑若娟、李伟阳：《企业社会责任的综合价值创造机理研究》，《中国社会科学院研究生院学报》2014 年第 6 期。

谢康：《经济效率：中国企业国际竞争力的核心和本质——兼论企业国际竞争力指标体系设计》，《世界经济研究》2004 年第

11 期。

徐善长：《加快建设世界一流企业》，《学习时报》2022 年 11 月 28 日第 1 版。

许保利：《世界一流企业的标杆及特征》，《国有资产管理》2011 年第 12 期。

杨莲娜、冯德连：《中国企业迈向世界一流：多维度评价、差距与解决方案》，《江淮论坛》2020 年第 1 期。

杨永胜：《新发展阶段培育具有全球竞争力世界一流企业的再思考》，《中国发展观察》2021 年第 13 期。

姚树洁、冯根福、韦开蕾：《外商直接投资和经济增长的关系研究》，《经济研究》2006 年第 12 期。

余菁：《企业家精神的涌现：40 年的中国实践历程回顾与未来展望》，《经济体制改革》2018 年第 4 期。

余林徽、陆毅、路江涌：《解构经济制度对我国企业生产率的影响》，《经济学（季刊）》2014 年第 1 期。

曾萍、邓腾智、宋铁波：《制度环境、核心能力与中国民营企业成长》，《管理学报》2013 年第 5 期。

曾宪奎：《高质量发展背景下我国国有企业创建世界一流企业问题研究》，《宁夏社会科学》2020 年第 1 期。

詹艳景：《坚持创新打造企业核心竞争力》，《经济日报》2011 年 11 月 11 日第 6 版。

张皓洁、王曦：《世界一流能源化工企业评价研究》，《当代石油石化》2016 年第 11 期。

张庆龙：《世界一流企业财务管理体系建设目标与内容要素》，《商业会计》2022 年第 14 期。

张瑞敏：《生态品牌：第四次工业革命中再生的新范式》，《清华管理评论》2021年第9期。

张维迎：《市场的逻辑》，《全球商业经典》2019年第7期。

张文魁：《世界一流企业八个特征》，《港口经济》2012年第2期。

张文魁：《我国企业发展政策的历史逻辑与未来取向》，《管理世界》2021年第12期。

张玉利、谢巍：《改革开放、创业与企业家精神》，《南开管理评论》2018年第5期。

张振刚、陈一华、肖丹：《世界一流制造企业的特征、演进与启示》，《中国科技论坛》2020年第7期。

张振刚、邓海欣、林丹、谢孟鑫：《中国情境下世界一流制造企业评价体系研究》，《统计与决策》2023年第4期。

赵纯均：《中国式企业管理研究的9个发现》，《企业管理》2013年第2期。

赵红：《关注创新 提升软实力》，《经济日报》2011年11月11日第6版。

周剑波：《世界一流煤炭企业建设指标体系研究》，《中国煤炭》2019年第3期。

周原冰：《怎样才算"国际一流企业"》，《企业文明》2012年第3期。

庄子银：《创新、企业家活动配置与长期经济增长》，《经济研究》2007年第8期。

［美］迈克尔·波特：《国家竞争优势》，李明轩、邱如美译，华夏出版社2002年版。

[美]詹姆斯·弗·穆尔:《竞争的衰亡:商业生态系统时代的领导与战略》,梁骏、杨飞雪、李丽娜译,北京出版社1999年版。

Acemoglu, D., Johnson, S., Robinson, J. A., "The Colonial Origins of Comparative Development: An Empirical Investigation", *American Economic Review*, Vol. 91, 2001.

Boston Consulting Group, 打造全球一流的价值创造型企业集团, https://web-assets.bcg.com/img-src/BCG_Building%20Premium%20Conglomerates%20in%20China_CHN_Aug%202017_tcm9-167874.pdf, 2017.

Debra, H., "Getting to world-class supply chain measurement", *Supply Chain Management Review*, 2006, Vol. 10, No. 7.

Evans, J. S., "Strategic Flexibility for High Technology Manoeuvres: A Conceptual Framework", *Journal of Management Studies*, 1991, Vol. 28, No. 1.

Ferreira, C. F., da Costa, S. E. G, de Oliveira, A. L. G., "A New Proposal to Classify a World Class Manufacturing", IIE Annual Conference. Proceedings. Institute of Industrial and Systems Engineers (IISE), 2012.

Haleem, A., Sushil, Qadri, M. A., et al., "Analysis of Critical Success Factors of World-class Manufacturing Practices: An Application of Interpretative Structural Modelling and Interpretative Ranking process", *Production Planning & Control*, 2012, Vol. 23, No. 10-11.

Hayes, R. H., Pisano, G. P., "Beyond World-class: The New Manufacturing Strategy", *Harvard Business Review*, 1994, Vol. 72, No. 1.

Hayes, R. H., Wheelwright, S. C., Clark, K. B., "Dynamic Manufacturing: Creating the learning organization", New York: Free Press, 1988.

Hodgetts, R. M., Luthans, F., Lee, S. M., "New Paradigm Organization: From Total Quality to Learning to World-class", *Organisation Dynamics*, 1994, Vol. 22, No. 3.

Hofman, D., "Getting to World-class Supply Chain Measurement", *Supply Chain Management Review*, 2006, Vol. 10, No. 7.

Lee, S. M., Kim, B. O., "Developing the Information Systems Architecture for World-class Organizations", *Management Decision*, 1996, Vol. 34, No. 2.

Lee, Z. Y., Chu, M. T., Chen, S. S., "Identifying Comprehensive Key Criteria of Sustainable Development for Traditional Manufacturing in Taiwan", *Sustainability*, 2018, Vol. 10, No. 9.

Leff, N. 1979, "Entrepreneurship and Economic Development: the Problem Revisited", *Journal of Economic Literature*, Vol. 17, No. 1.

Lim, B. T. H., Ling, F. Y. Y., Ibbs, C. W., Raphael, B., Ofori, G., "Empirical Analysis of the Determinants of Organizational Flexibility in the Construction Business", *Journal of Construction Engineering & Management*, 2011, Vol. 137, No. 3.

Newman, W. H., Chen, M. J., "World-class Enterprises: Resource conversion and Balanced Integration, Challenges for Global Enterprise in the 21st Century", *Academy of Management National Meetings*, 1999.

North, C., "Structure and Change in Economic History", New York Norton, 1981.

North, D. C., and Thomas, R. P., *The Rise of the Western World: A New Economic History*, Cambridge University Press, 1973.

Penrose, E., *The Theory of the Growth of the Firm*, Oxford University Press, 1959.

Peters, T., Waterman, R. H., *In Search of Excellence: Lessons from America's Best-run Companies*, New York: Harper & Row, 1982.

Sanchez, R., "Strategic Flexibility in Product Competition", *Strategic Management Journal*, 1995, Vol. 16, No. S1.

Schonberger, R. J., *World Class Manufacturing: The Next Decade Building Power, Strength and Value*, New York: Free Press, 1996.

Schumpeter, J. A., *The Theory of Economic Development*, Cambridge, MA: Harvard University Press, 1934.

Shleifer, A. and Vishny, R. W., "The Politics of Market Socialism", *The Journal of Economic Perspectives*, Vol. 8, No. 2.

Song, H., Li, R., Gao, G., "Research on the Evaluation Index System of World-class Enterprise", *The 5th International Conference on Education Reform and Modern Management (ERMM 2019)*. Atlantis Press, 2019.

Wang, C. L., Ahmed, P. K., "Dynamic Capabilities: A Review

and Research Agenda", *International Journal of Management Reviews*, 2007, Vol. 9, No. 1.

Yaw, A. O., "Importance of Employee Involvement in World-class Agile Management Systems", *International Journal of Agile Management Systems*, 1999, Vol. 1, No. 2.

主要作者简介

史丹，女，管理学博士，现任中国社会科学院学部委员，工业经济研究所研究员，博士生导师，《中国工业经济》《经济管理》主编。兼任中国工业经济学会理事长，国家制造强国建设战略咨询委员会委员，国家能源委员会专家咨询委员会委员，国家反垄断专家委员会委员，中英现代产业合作伙伴关系政策研究组中方专家，第二届国家气候变化专家委员会委员等学术职务。曾任中国社会科学院财经战略研究院副院长，工经所党委书记、副所长，工经所所长等职。主要从事产业经济、能源经济方面的研究。享受国务院特殊津贴，获得中组部、人社部"万人计划"国家高层次人才特殊支持计划、哲学社会科学领军人才，中宣部文化名家暨"四个一批"人才，中国社会科学院"巾帼建功立业先进个人"等荣誉称号。

曲永义，籍贯山东省威海市，产业经济学博士，获国务院政府特殊津贴专家。现任全国政协委员、经济委员会委员，中国社会科学院工业经济研究所党委书记、副所长，中国社会科学院大学教授、博士研究生导师，兼任中国成本研究会副会长、中国社会科学情报学会副理事长。曾先后担任中国社会科学院财务基建计划局局长，中国社会科学院信息情报研究院副院长、二级研究员，山东社会科学院副院长、研究员等职。主要研究领域为技术创新理论与政策、企业发展、区域经济和产业经济等，先后主持完成国家社会科学基金重大项目、国家自然科学基金项目、中国社科院重大创新项目等课题四十余项，出版发表专著、论文等科研成果累计三百余万字，获得省部级以上优秀成果奖励十余项。